Thomas Schuller-Götzburg

Phänomen Chávez

Ein historisch-politischer Essay

Bibliographische Information der Deutschen Nationalbibliothek

Die Deutsche Nationalbibliothek verzeichnet diese Publikation

in der Deutschen Nationalbibliografie; detaillierte bibliografische

Daten sind im Internet über http://dnb.dnb.de abrufbar.

© 2014 Thomas Schuller-Götzburg

Herstellung und Verlag:

BoD – Books on Demand, Norderstedt

ISBN: 9783735751454

Inhaltsverzeichnis

I.	Prolog	9
II.	Essay	25
III.	Epilog	205
IV.	Abbildungen	211
V.	Literatur	241

Die Klugheit hat zwei Augen: eines, das voraussieht, was man zu tun hat; das andere, das nachher besieht, was man getan hat.

Íñigo López Oñaz y Loyola, Begründer des Jesuitenordens

In meinem Namen will man […] Gutes und Böses tun, und viele berufen sich auf ihn als Rechtfertigung ihrer Torheiten.

Die Freiheit ist das einzige Ziel, das es wert ist, das Leben von Menschen zu opfern.

Simón Bolívar

Eine meiner Lieblingstheorien – dass nämlich kein Ereignis isoliert steht, sondern nur eine Wiederholung von bereits Geschehenem ist, und vielleicht nicht die erste Wiederholung.

Mark Twain

Patria, socialismo o muerte! Heimat, Sozialismus oder Tod!

Motto von Hugo Chávez bis zu seiner Krebserkrankung

Patria, socialismo y vida! Heimat, Sozialismus und Leben!

Motto von Hugo Chávez nach dem Eingeständnis seiner Krebserkrankung

I. Prolog

Caracas, 13. Januar 2009

Ich war erst gerade wenige Wochen als österreichischer Botschafter in Caracas und noch nicht offiziell als solcher bei Präsident Chávez[1] akkreditiert, als mich ein Anruf vom venezolanischen Außenministerium erreichte: auch wenn ich noch nicht offiziell Botschafter sei, so lege der Präsident Wert darauf, dass ich an seinem jährlichen Rechenschaftsbericht im Parlament am folgenden Tag teilnehme. Dies gab mir auch schon einen Vorgeschmack auf die Gepflogenheiten bei der Disponierung von Terminen in Venezuela – nämlich im Regelfall in letzter Minute und informell. Es war somit auch gar keine Frage, ob ich die Einladung annehmen sollte oder nicht, es wurde einfach von mir erwartet. Die Rede würde um 12 Uhr beginnen und ich solle mich pünktlich einfinden.

So fuhr ich am nächsten Tag so frühzeitig los, dass ich schon um 11 Uhr im Parlament war. Als ich ankam, war unter den Dutzenden Protokollbeamten ein hektisches Hin und Her, das irgendwie ohne erkennbare Richtung blieb. Gäste waren allerdings nur wenige eingetroffen, was schon ahnen ließ, dass die Rede nicht

---

[1] Sein vollständiger Name lautete Hugo Rafaél Chávez Frías – im Spanischen ist es üblich, den Familiennamen sowohl des Vaters (Chávez) als auch der Mutter (Frías) zu tragen. (Im deutschen Sprachgebrauch verwendet man zumeist nur den Vaternamen.)

pünktlich beginnen werde. Nach einiger Suche wurde auch für mich ein eher unbequemer Sessel gefunden und ich nahm Platz. Langsam tröpfelten die Gäste ein, Diplomaten, Abgeordnete des Parlamentes, Journalisten und natürlich das *Pueblo*, also ausgesuchte Vertreter von Bürgerinnen und Bürgern. Darunter auch eine fröhliche und lautstarke Gruppe palästinensischer Venezolaner mit Arafat-Tüchern und Plakaten. Zu dieser Zeit tobte nämlich im Gaza-Streifen - wieder einmal - eine hart geführte militärische Auseinandersetzung zwischen Israel und den Palästinensern und der volksfestartige Charakter der kommenden Rede zeichnete sich durch die Stimmung im Saal somit bereits ab.

Im Sitzungssaal des Parlamentes waren großformatige Bildschirme angebracht, auf denen Live-Szenen von außerhalb übertragen wurden. Zunächst war auf diesen Bildschirmen nur wenig zu sehen, aber die Straßen um das Parlament füllten sich schließlich rasch mit ekstatischen Anhängern von Chávez, viele in rotem Hemd und mit Fotos ihres Idols, Sprüche und Lieder skandierend. Die Mittagshitze machte ihnen offenbar nichts aus, im Gegenteil, schien die Massen immer weiter in eine Ekstase zu treiben. Im Kontrast dazu stand das Innere des Parlamentes, in welchem nur die Palästinenser Lärm machten, aber ansonsten gespannte Ruhe herrschte. Es wurde auch nicht getanzt, so wie draußen.

Da ich Chávez zuvor noch nicht begegnet war, stieg auch bei mir langsam die Spannung. Gegen 12 Uhr traf er dann in der Nähe des Parlamentes ein. Selbst die flimmernden Bilder von der Live-Übertragung übermittelten uns im Inneren des Gebäudes den Funken, der von Chávez sofort und unvermittelt auf die Massen überschlug. Kaum war der Wagenkonvoi auszumachen, kannte die Masse der Anhänger keine Grenzen des Jubels mehr und das Band zwischen dem Volk und seinem geliebten Anführer ließ an Deutlichkeit nichts zu wünschen übrig. In geschickter Kamera-Choreographie wurde die Ankunft des Konvois überdramatisiert, somit konnten auch die Millionen Zuseher vor den Fernsehgeräten an dieser Epiphanie teilhaben. Schließlich verließ Chávez seinen Wagen, um die letzten paar hundert Meter durch die jubelnden Anhänger zu gehen. Er blieb dabei oft stehen, redete mit Leuten, scherzte mit ihnen und ließ sich Kinder reichen, denen er liebevoll über den Kopf strich und sie auf die Wangen küsste – wobei die jeweiligen Eltern in Ekstase verfielen. Der offizielle Zeitpunkt für den Beginn der Rede war schon längst vorbei, aber unbeirrt und ohne Eile zelebrierte Chávez das Bad in der Menge und immer mehr flogen ihm die Herzen zu. Dabei strahlte er über das ganze Gesicht und es war ihm anzumerken, wie viel Energie er aus diesem Überschwang bezog und es war klar, dass er wohl dafür lebte. In diesen Momenten war er nicht nur der Präsident eines souveränen Landes, er war viel mehr - ein Vater, eine Überfigur, für viele auch ein Messias. Und dies strahlte er auch aus, er und das Volk brauchten sich gegenseitig, lebten füreinander und gaben einander alles. Oder zumindest hatte es unter dem Eindruck derartiger Szenen den Anschein. Dennoch verlor er nicht die Würde des Staatsoberhauptes; im Gegensatz zu seinen meisten öffentlichen Auftritten, die er einmal in Uniform mit Käppi, ein anderes Mal mit Rothemd bestritt, trug er für diesen Anlass passend einen dunklen Anzug und die präsidentielle Schärpe.

Auch im Inneren des Parlamentes stieg die Erwartung, dass der Präsident endlich eintreffe und auch hier begannen seine Anhänger, Parolen zu rufen und sein Erscheinen lautstark einzufordern. Nach fast einer Stunde hatte er sich denn auch durchgekämpft und die Bilder zeigten nun, wie er das Parlamentsgebäude betreten hatte und sich durch die Korridore näherte. Die Spannung wurde elektrisch und man zählte innerlich die Sekunden, die noch fehlten, bis er den Sitzungssaal betreten würde. Und noch bevor er ihn betrat, konnte man seine Anwesenheit schon spüren, ihn fast schon berühren. Man hätte gar nicht hinsehen müssen und hätte dennoch gespürt, dass er endlich angekommen war, derart stark war sein Charisma. Unbeschreiblich in diesem Moment die Explosion der Ekstase, die Zurufe, das Klatschen, das Singen. „*Viva Chávez! Viva el*

Comandante!"[2] toste es unaufhörlich von allen Rängen, die Begeisterung kannte keine Grenzen. Und auch hier wieder blieb Chávez bei fast jedem stehen, wurde umarmt, geküsst, wie ein Popstar angehimmelt. Da ich einige Reihen dahinter meinen Platz zugewiesen bekommen hatte, blieb mir die Frage erspart, ob ich ihn auch umarmen sollte. Endlich erreichte er das Rednerpult – mit geschlagenen zwei Stunden Verspätung.

Ich wusste bereits, dass er – so wie sein Vorbild Fidel Castro – im Regelfall stundenlang sprach, dennoch war ich nicht auf eine Rede eingestellt, die acht Stunden dauern sollte (also bis 22 Uhr). Natürlich war die Show mit seinem Erscheinen nicht vorbei. Aufgeputscht durch die Begeisterung, die ihm entgegenschlug, war er gerüstet, die folgenden acht Stunden ohne Unterlass, ohne nur einmal den Faden zu verlieren, *frei* zu sprechen. Gewiss, er sprach oft in Kreisen und verstieg sich manchmal in Details – um aber jedes Mal wieder auf den generellen Faden seiner Rede zurückzukehren. Dabei kommunizierte er ständig direkt mit dem Publikum, bezog es in seine Rede ein, scherzte mit dem einen oder anderen und gab Anekdoten zum Besten. In keiner Sekunde verlor er die magische Beziehung zum Publikum im Parlament, in keiner Sekunde machte sich Langeweile breit und man hatte weder ein Gefühl für die Zeit noch hatte man das Bedürfnis, sich

---

[2] Es lebe Chávez! Es lebe der Kommandant!

hinauszustehlen. Es besteht für mich kein Zweifel, dass Chávez vor allem wegen seiner rhetorischen Fähigkeiten und wegen seines Charismas vierzehn Jahre lang an der Macht bleiben konnte und in diesem Zeitraum mehrmals wiedergewählt wurde. Wäre er nicht seinem Krebsleiden erlegen, so wäre er auch vermutlich noch weitere Male gewählt worden. Als er im März 2013 starb, hatte er, im Gegensatz zu vielen anderen Politikern mit vergleichbarer Amtsdauer, weiterhin ungewöhnlich hohe Zustimmung im Volk.

Seine Rede, die die Errungenschaften der vorjährigen Regierungstätigkeit darstellen sollte, war von vielen Tafeln mit Statistiken begleitet, was unter normalen Umständen unerträglich langweilig wäre – es gelang ihm jedoch, auch mit trockenem Zahlenmaterial (zum Beispiel die Steigerung der Reisernte oder die Anzahl der im letzten Jahr durchgeführten Blinddarmoperationen) seinen Zuhörern Begeisterung zu entlocken. Und viele Male beschwor er die von ihm geschaffene Verfassung, die er in Form eines kleinen blauen Büchleins immer wieder in der Luft schwenkte und Passagen daraus zitierte. Dies wäre hierzulande sicherlich unvorstellbar langweilig und auch befremdlich. Seinen innen- und außenpolitischen Gegnern, deren Zahl Legion war, schenkte er nichts, im Gegenteil, diese dienten ihm als Reibebaum, an dem er die Richtigkeit seiner Weltsicht und Ideologie unter Beweis stellte. Durchaus aggressiv verhielt er sich dabei, was mit der Herzlichkeit seinen Anhängern gegenüber umso mehr kontrastierte. Seine Lieblingsfeinde im Inneren waren dabei die „Oligarchen" und das „Bürgertum", im Äußeren – wie konnte es anders sein – die USA und zu diesem Zeitpunkt im speziellen Israel. Unzählbar oft verwies er, egal in welchem Zusammenhang, auf sein Vorbild, das Vorbild aller Venezolaner schlechthin, nämlich Simón Bolívar. Man hätte meinen können, Bolívar sei der erste Kommunist Lateinamerikas gewesen, ein Übermensch, der schon vor zweihundert Jahren klare und präzise Lösungen für die Probleme von heute angeboten hatte und der ohne Umschweife die Politik und Rhetorik von Chávez uneingeschränkt teilen und unterstützen würde, ja, der in Chávez seine Reinkarnation sehen würde.

Es überraschte mich, wie oft Chávez, der Vorkämpfer des Sozialismus, auf Jesus und Gott verwies und sich dem Schutz beider anheimstellte. Zwar bezeichnete er Jesus ein wenig krampfhaft als den ersten Sozialisten der Weltgeschichte, ansonsten vermittelte er aber den Eindruck eines gläubigen Christen, wenn er auch die Kirchenhierarchie mehrfach angriff. Es war aber klar, dass er kein Ikonoklast war und dass die christliche Religion eine große Bedeutung für ihn hatte.

Als sich der Tag schon bedenklich seinem Ende zugeneigt hatte, wagte man kaum zu hoffen, dass die Rede irgendwann beendet würde, dies erfolgte dann aber doch relativ plötzlich. Natürlich ging es bei seinem Abgang wiederum nicht ohne Bad in der Menge ab. Ich nutzte das allgemeine Chaos unter den Besuchern, um mich Chávez zu nähern. Als er mir schließlich die Hand schüttelte und ich ihm direkt in die Augen sehen konnte, war ich überrascht, dass dieser Mann, der soeben acht Stunden gesprochen hatte, so frisch wirkte, als wäre er gerade erst angekommen. Ich jedenfalls war erschöpft vom alleinigen Zuhören – ein Phänomen von Chávez war es nämlich, dass man nicht aufhören konnte zuzuhören und immer wieder gespannt war, was als nächstes kommen würde. Einigermaßen ermattet fuhr ich schließlich nach Hause – um eine wichtige Erfahrung und die Begegnung mit einem charismatischen Menschen reicher.

Hugo Chávez verstarb im März 2013 (im Amt als Präsident) nach einem langjährigen Krebsleiden. Auch der Umgang mit seiner Krankheit zeigte Charakteristika, ohne die das *Phänomen Chávez* nicht erklärbar sind: im Juni 2011 wurde ohne Vorwarnung verkündet, dass er - gerade einmal 56 Jahre alt - in Havanna operiert worden sei und dass ihm dabei ein Tumor in der Größe eines Baseballs im Beckenbereich entfernt worden sei. Der ansonsten allgegenwärtige Chávez war zuvor für Wochen ohne Erklärung von der Bildfläche verschwunden gewesen. Dies löste in der unvorbereiteten Bevölkerung eine ziemliche

Verunsicherung aus, die letztlich bis zu seinem Tode anhalten sollte und der Stabilität des Landes keinen guten Dienst erwiesen hat. In den knapp zwei Jahren bis zu seinem Tode wechselten sich Phasen der Hyperaktivität mit wochenlangen, geheimniskrämerischen Aufenthalten in Kuba ab. Da er einerseits offenbar dem venezolanischen Gesundheitssystem nicht traute und es nur in Kuba möglich war, ihn völlig abzuschirmen, flog er zu mehreren Operationen und Behandlungen dorthin. Jedes Mal verkündete er, vollständig den Krebs besiegt zu haben, bei den Präsidentenwahlen im Herbst 2012 anzutreten und im Übrigen noch mindestens zwanzig Jahre regieren zu wollen, um das Projekt der von ihm initiierten „bolivarianischen Revolution" fortzusetzen und zu sichern.

Einige Zeit lang hatte es dann auch oberflächlich den Anschein, dass Chávez tatsächlich den Krebs besiegt hatte. Seine phasenweise gute physische Erscheinung, die Propaganda sowie der unerschütterliche Glaube seiner Anhänger, der Held und Messias Chávez könne und dürfe nicht sterben, ließen viele in diese Illusion verfallen. Vermutlich glaubte er sogar selbst daran, seine Krankheit besiegt zu haben. Er weigerte sich bis zuletzt, sein Amt abzugeben und erst vor seiner letzten Behandlung in Kuba nominierte er seinen langjährigen Weggefährten Nicolás Maduro zum „Thronerben". So warf er sich vor den Wahlen am 7. Oktober 2012 nochmals ungestüm in den Wahlkampf, der ihn wohl Jahre seines Lebens gekostet hat. Wahrscheinlich hätte es seiner Gesundheit gut getan, wenn er sich nach der ersten Operation aus dem öffentlichen Leben zurückgezogen hätte und für einen geordneten Übergang gesorgt hätte. Dies war einer der wenigen Handlungen, die Chávez im Gegensatz zu seinem Idol Fidel Castro setzte: dieser hatte sich im Jahr 2006 nach einer schweren Krebsoperation aus dem täglichen Geschäft weitgehend zurückgezogen und die Zügel seinem Bruder Raúl überlassen. So lebt Fidel, der mittlerweile 89 Jahre alt ist, immer noch und hat Einfluss auf die Geschicke Kubas. Chávez verstarb mit nur 58 Jahren. Er war also offenbar der Überzeugung gewesen, unersetzbar zu sein und seinen Kampf gegen die negativen Faktoren der Geschichte bis zum bitteren Ende fortsetzen zu müssen. Damit reihte er sich in eine Reihe von lateinamerikanischen Helden ein, die einen ähnlichen Weg beschritten und dann, in der einen oder anderen Form zumeist scheiterten: José Martí, Ernesto Che Guevara, Juan Domingo Perón, Evita Perón, Augusto Pinochet, um nur einige zu nennen.

Dementsprechend verläuft auch die politische Entwicklung in Venezuela seit seinem Tode: Maduro war keineswegs der logische Nachfolger und sein Rückhalt innerhalb der Regierung, Partei und Armee ist und bleibt bestenfalls labil, im schlimmsten Fall instabil. Und es hat sich wie erwartet gezeigt, dass kein venezolanischer Politiker, weder von der Regierung noch von der Opposition, auch nur annäherungsweise an das Charisma und das politische Talent von Chávez herankommt. Er war somit einer der vielen *Caudillos*, die die Geschichte Lateinamerikas prägten und wird wohl als solcher in die Geschichte eingehen. In wenigen Jahren, sicherlich in wenigen Jahrzehnten wird es unerheblich gewesen sein, ob er eine linke oder rechte Politik betrieben hat, vom „Sozialismus des 21. Jahrhunderts" wird man als Anekdote reden, nachhaltig wird das von ihm geschaffene politische und soziale System nicht sein. Nachhaltig aber wird sein, dass er das Land vierzehn Jahre lang umfassend regiert und seinem Ego untergeordnet hat. Im Folgenden soll der Versuch unternommen werden aufzuzeigen, wie es dazu kommen konnte.

In meinen mehr als vier Jahren als Botschafter in Venezuela traf ich nämlich auf eine Reihe von politischen Beobachtern und Oppositionellen, die mich davon zu überzeugen versuchten, dass die Präsidentschaft von Chávez eine unnatürliche Abweichung, eine *anomalía*, sei, deren baldiges Ende kommen werde und dass dieses Ende vor allem von den nicht geblendeten Venezolanern herbeigesehnt werde. Die autoritären Züge, die unaufhörliche Propaganda, der völlige Umbau von Staat und Gesellschaft sei ein Unfall gewesen, der nur durch die Persönlichkeit von Chávez verstanden werden könnte und nach seinem Abgang würde wieder das freie, demokratische und kapitalistische System, das für Venezuela typisch sei, zurückkehren und alles werde wieder gut sein. Die Oppositionellen kamen praktisch vollzählig aus den Reihen des diskreditierten *Ancien Régime* und es war klar, dass diese den vorhergehenden Zustand nur wiederbeleben wollten, um neuerlich an verlorene Positionen und Pfründe heranzukommen. Merkwürdig erschien mir aber die weitverbreitete Ansicht, Chávez sei sozusagen vom Himmel gefallen (und werde in der Hölle verschwinden, zumindest wenn es nach der Opposition ginge) und sei ein isoliertes Phänomen gewesen, eine Art unvorhergesehener Betriebsunfall.

Auch wenn ich mich zunächst nicht sehr intensiv mit der venezolanischen Geschichte auseinandergesetzt hatte, jedenfalls nicht in dem Maße, um den Einheimischen die eigene Geschichte erklären zu können oder zu wollen, schien mir diese Haltung dennoch ein wenig naiv, wenn nicht blind. Jedes Volk hat zwar nicht unbedingt immer die Regierung, die es verdient, aber in keinem Land der Welt wird Politik in einem Vakuum gemacht. In Österreich beispielsweise sind die seit Jahrhunderten existierenden, heutigen Bundesländer so sehr in das kollektive Gedächtnis eingegraben, dass jeder Versuch, diese in einem Modernisierungsprozess abzuschaffen, bisher kläglich gescheitert ist und dies auch sicherlich für die kommenden Generationen dabei bleiben wird. Als der ägyptische Ex-Präsident Mohammad Mursi an einer Konferenz im Iran teilnahm, wetterten Gegner, er betreibe Verrat, weil er sich mit Schiiten treffe. Man leide nämlich in Ägypten noch immer unter dem Trauma der brutalen schiitischen Herrschaft der Fatimiden. Diese herrschten allerdings im 9. und 10. Jahrhundert und niemand kann wohl ernsthaft behaupten, damalige Schreckenstaten würden heute noch das Land deformieren. Dennoch hält das kollektive Gedächtnis daran jahrhundertelang fest, auch wenn es keine tagespolitische Bedeutung mehr hat (bzw. haben sollte). Sollte dies ausgerechnet in Venezuela anders sein? Waren hier andere Kräfte am Werk? War Chávez wirklich der Übermensch gewesen, der weit über den historischen Fundamenten seines Landes stand, anstelle mit beiden Beinen in der Realität? So faszinierend seine Persönlichkeit war, so völlig außerhalb der Realität hatte sich das *Phänomen Chávez* nach meinem Empfinden nicht ereignen können. Geschichte wird natürlich auch von großen Persönlichkeiten gemacht, man denke an Cäsar oder Napoleon, diese stehen aber niemals außerhalb ihres Kontextes. Ohne die Französische Revolution wäre Napoleon nie an die Macht gespült worden, ohne die innenpolitische Dynamik in Rom hätte sich Cäsar nie zum Diktator entwickeln können. Ohne die spanische Kolonialisierung Lateinamerikas wären die „Befreier" Simón Bolívar oder José de San Martín nicht verständlich, weil man sie ja nicht gebraucht hätte. Also musste auch Chávez letztlich „erklärbar" sein und zwar aus der unmittelbaren Geschichte vor seinem Amtsantritt und den grundlegenden historischen, kulturellen und sozialen Gegebenheiten Venezuelas. Bei den Trauerfeierlichkeiten für

Chávez bezeichnete sein Stellvertreter und Nachfolger Nicolás Maduro diesen als „Geliebten Erlöser Christus."[3] Wie konnte es zu dieser Gleichsetzung kommen?

Die kommende Reise führt uns zunächst nach Spanien, in die Tiefen der iberischen Geschichte des Mittelalters, in die Zeit der Eroberer - *los conquistadores* -, zu den Befreiern von der Kolonialherrschaft und zu revolutionären Gestalten. Die römisch-katholische Kirche, die jahrhundertelange *Reconquista* gegen den Islam, aber auch längst vergangene Figuren wie El Cid oder noch aktive wie Fidel Castro werden auf dieser Reise eine Rolle spielen. Ebenso die Suche nach dem Paradies und Utopia und blutige Straßenschlachten in Caracas. Dabei ist nichts eindimensional oder zwangsläufig, aber letztlich ist es so passiert und zwar nie ohne Grund. Zufälle spielen natürlich ebenso eine Rolle wie die drei Moiren, die Schicksalsgöttinnen. Aber eine *anomalía* war Chávez sicherlich nicht. Die folgende Darstellung beschreibt die historischen und ideengeschichtlichen Grundlagen, auf denen das *Phänomen Chávez* gebaut ist. Die Zeit seiner Präsidentschaft (1999 bis 2013) selbst ist nicht Gegenstand dieses Essays, wenn ich mich natürlich darauf immer wieder beziehe.

---

[3] „El Cristo Redentor Amado", Bustamante, Bolívar según Chávez, Pos. 64 (E-Book-Ausgabe).

Ich möchte vorausschicken, dass ich weder für Chávez noch die Opposition Partei ergreife. Da ich nicht Venezolaner bin, steht mir dies auch nicht zu und die folgenden Erläuterungen stellen die historischen und kulturellen Entwicklungen aus meiner persönlichen Sicht eines Mitteleuropäers da. Ich kann sicherlich nicht wie ein Lateinamerikaner in alle Tiefen des dortigen kollektiven Bewusstseins vordringen. Ich denke aber dennoch, dass der Blick von außerhalb gewisse Dimensionen aufzuzeigen imstande ist, die man vielleicht als direkt Involvierter nicht immer ohne weiteres erkennen kann.

Ich danke Frau MMag. Martina Krisper für die kritische Durchsicht des Textes, der dadurch viele Verbesserungen erfahren hat. Alle verbliebenen Fehler sind meine.

Des Weiteren sei hinzugefügt, dass keine der von mir im Folgenden geäußerten Ansichten, Wertungen etc. in *keinerlei* wie immer gearteten Verbindung mit dem österreichischen Außenministerium stehen, sondern ausschließlich meine privaten Gedanken sind und keinen Rückschluss auf die Ansichten und Politik des österreichischen Außenministeriums zulassen.

II. Essay

Der mexikanische Schriftsteller und Historiker Enrique Krauze hat vor kurzem ein fundamentales Werk zum Verständnis der Wirkungskraft politischer Ideen in Lateinamerika verfasst, welches mich zur Verfassung dieses Essays inspiriert hat. Wesentlich stärker als uns in Europa bewusst ist, ist das Selbstverständnis Lateinamerikas von philosophisch-politischen Ideen geprägt, die zum Teil in Übereinstimmung, zum Teil im Kontrapunkt zu europäischen und nordamerikanischen Ideen stehen. Krauze nennt sein Werk „*Redeemers – Ideas and Power in Latin America*", also „Erlöser – Ideen und Macht in Lateinamerika", was sehr prägnant den quasi religiösen Charakter der Ideengeschichte Lateinamerikas umschreibt.[4] Es zeigte mir klar, dass der messianische Charakter der Politik und Rhetorik von Chávez, die auf uns befremdend wirken, eine ideengeschichtliche Grundlage hat, die das Denken in Lateinamerika seit Generationen prägt und daher Teil der Wirkungsgeschichte ist. Wir müssen diese verstehen, um das *Phänomen Chávez* zu verstehen.

---

[4] Erschienen 2011 in New York auf Englisch. Ich beziehe mich bei den Zitatangaben auf die mir zur Verfügung stehende spanische Ausgabe: Enrique Krauze, Redentores – Ideas y Poder en América Latina, Barcelona 2011.

Zum religiösen Aspekt der Ideen in Lateinamerika hält Krauze fest: „In Lateinamerika hat der religiöse Hintergrund der katholischen Kultur immer die politische Realität mit seinen geistigen Kategorien und moralischen Paradigmen durchdrungen."[5] Die wichtigen Denker und Revolutionäre wie José Martí (Kuba), José Rodó (Uruguay) und José Vasconcelos (Mexiko), auf die wir im Laufe unserer Betrachtungen noch eingehen werden und von Krauze als „Propheten" bezeichnet werden, verkörpern eine „laizistische Katholizität" und geben der revolutionären Berufung des Kontinentes einen missionarischen Eifer und eine Opferbereitschaft, die in der geistigen Kultur der Mönchsorden des 16. Jahrhunderts wurzelt.[6] Die Dominikaner und Franziskaner wurden entsandt, um die Einheimischen zu bekehren – und dies geschah zumeist mit Zwang und Gewalt. Die führenden lateinamerikanischen politischen Schriftsteller geben sich über die Generationen diese „Fackel der Berufung" weiter, die sich geradezu religiös manifestiert und zwischen dem Leser und dem Schriftsteller eine „Kommunion mittels des gedruckten Wortes" schafft – Chávez schuf diese durchaus auch mystische Kommunion mit dem Volk eher mittels des gesprochenen Wortes und Symbolen, ansonsten ist die Wirkung die gleiche. Und Krauze charakterisiert Chávez wie folgt: „Schlussendlich tritt eine

---

[5] Ibidem, S. 13. Alle Übersetzungen aus Krauze von mir.
[6] Die folgenden Gedanken aus dem Vorwort des Buches von Krauze, S. 13-16.

seltsame zeitgenössische Figur auf, in der sich die gesamte vergangene Erlöserschaft [Anm.: gemeint sind die Vordenker] in einer Karikatur manifestiert, eine postmoderne Mélange. Es ist eine Person, die aus der lateinamerikanischen Interpretation von Thomas Carlyle stammt, dem schottischen Autor und Vorläufer des Faschismus, von den Mächtigen (und deren Leib-Intellektuellen) Lateinamerikas zu Beginn des 20. Jahrhunderts viel gelesen und umgesetzt. Es handelt sich um Präsident Chávez, der versucht, die Geschichte seines Landes auf seine persönliche Geschichte zu reduzieren. Chávez ist kein Mann der Ideen, er ist aber auch nicht ohne Ideen. Auch wenn es nicht den Anschein hat, ist er kein vulgärer *Caudillo*; er ist ein Führer mittels Medien, ein Prediger, ein Erlöser mittels Twitter, ein postmoderner *Caudillo.*" Und Krauze fährt direkt fort: „Erlösung oder Demokratie? Dies war bis vor kurzem das zentrale Dilemma in Lateinamerika. Der größte Teil unserer Nationen hat für die Demokratie optiert, sowie für die Rückkehr zu den liberalen und republikanischen Werten. Damit sich aber die Demokratie festigt und von Dauer ist, und damit sich unsere Völker durch sie (mit ihren Gesetzen, Instrumenten und Institutionen) dem Bösen des neuen Jahrhunderts stellen können, müssen die Regierungen sich dem sozialen Bereich widmen. Wenn nicht, wird die Region wiederum die Erlösung suchen, mit all dem damit verbundenen Leiden."[7]

---

[7] Ibidem, S. 16.

Beginnen wir unsere Reise mit der Entdeckung Amerikas, da dieser Kontinent der Hauptgegenstand unserer Betrachtungen ist. Wie haben die Entdecker Amerika gesehen, welche Absichten und Hoffnungen hatten sie gegenüber dem Kontinent? Wie sieht sich, mit diesem Erbe belastet, in der Folge Amerika selbst? Jeder kennt die Geschichte von Christoph Kolumbus (ca. 1451-1506), oder Cristóbal Colón wie er in Spanien hieß[8], der mit drei winzigen Schiffen auszog und eine neue Welt entdeckte[9]. Diese Entdeckung wird als derart fundamental betrachtet, dass man damit das Mittelalter beenden und die Neuzeit beginnen lässt, zumindest wenn es darum geht, eine exakte Jahreszahl dafür zu nennen. Man kennt die Geschichte, wie er das spanische Königspaar Ferdinand und Isabella[10] so lange beharrlich von seiner Idee zu begeistern suchte, bis sie (vermutlich eher genervt als restlos überzeugt) die Durchführung der Expedition als offizielle Unternehmung der Krone erlaubten und auch finanzierten, getrieben von der Suche nach neuen Handelswegen und der Sucht nach Gold. Für uns Mitteleuropäer

---

[8] Vermutlich in Genua (oder in Calvi/Korsika) unter dem italienischen Namen Cristoforo Colombo geboren, im spanischen als Cristóbal Colón bekannt, im Portugiesischen als Cristóvão Colombo, latinisiert Kolumbus.

[9] Aus unserer Sicht natürlich – für Europa war es tatsächlich eine Neue Welt, von der niemand Kenntnis hatte.

[10] Fernando II war zu diesem Zeitpunkt König von Aragón und Isabel I Königin von Kastilien; erst in der Folgegeneration von Karl V., bzw. eher erst unter Philip II lässt sich von „Spanien" als vereinigtem Königreich sprechen.

ist das Jahr 1492 vor allem nur durch die Entdeckung Amerikas bekannt, mindestens ebenso wichtig (wenn nicht für die beiden Könige wichtiger) war der Abschluss der Rückeroberung der noch von den Muslimen besetzten Gebiete der iberischen Halbinsel - der *Reconquista* – durch den Fall der letzten arabischen Hochburg Spaniens, nämlich dem Emirat Granada im Januar 1492. Damit wurde ein Prozess beendet, der für fast achthundert Jahre die Geschichte der Halbinsel entscheidend geprägt hatte. Die Dynamik der Eroberung der Neuen Welt lässt sich ohne die *Reconquista* nicht verstehen.[11] Vorderhand wichtig ist, dass Kolumbus zwar sehr wohl auf der Suche nach neuen Handelswegen war, um den Portugiesen, die den Seeweg um Afrika zu den Gewürzinseln in Asien beherrschten, diesen äußerst lukrativen Handel ein wenig aus den Händen zu nehmen. Das vordergründige Ziel war natürlich, die Kassen der beiden Könige

---

[11] Ich finde es im Übrigen hochinteressant, dass das Jahr 1492 für Spanien von einem weiteren Ereignis geprägt war, nämlich dem Erscheinen der ersten spanischen, d.h. kastilischen Grammatik, durch Antonio de Nebrija. So wurden innerhalb dieses einen Jahres viele Grundsteine für die künftige Entwicklung Spaniens gelegt. Um dem Ganzen die Krone aufzusetzen, wurde im gleichen Jahr der Spanier Roderic Llançol i de Borja – Borgia – unter dem Namen Alexander VI. Papst. Er unterstütze bis zu seinem Tod 1503 die Expansion Spaniens in der Neuen Welt massiv. Viel besser konnte es nicht gehen, aus spanischer Sicht zumindest: Thron und Altar vereint, das Land vollständig befreit und der Grundstein für die gemeinsame Hochsprache gelegt. Dass der Papst ein Spanier war, gereichte Spanien zum Vorteil, als unter Vermittlung des Borgia-Papstes 1494 der Vertrag von Tordesillas zwischen Spanien und Portugal geschlossen wurde, der die Weltkugel unter den beiden Konkurrenten in zwei Hälften aufteilte.

zu füllen, aber Kolumbus hatte mehr im Sinne, nämlich mit den erhofften Einnahmen die *Finanzierung eines Kreuzzuges zur Rückeroberung von Jerusalem* zu ermöglichen – die logische Fortsetzung der *Reconquista*! Was lag näher, als nach dem Entreißen der iberischen Halbinsel aus den Händen der islamischen Mauren die Erfahrung, den Elan und die bestehende Kriegsmaschinerie dem ultimativen Ziel der Christenheit zu widmen? Immerhin hatte Westeuropa während einiger Jahrhunderte dieses Ziel mehr oder weniger hartnäckig verfolgt und Spanien hatte daran nicht teilgenommen – war man doch zu sehr mit dem eigenen Kreuzzug zu Hause beschäftigt. Nach der Beseitigung der Schmach der arabischen Besetzung sollte daher als nächster logischer Schritt die Fortsetzung des alten Kreuzzugsgedankens folgen. So zumindest schwebte es Kolumbus vor, die spanischen Könige verhielten sich eher zurückhaltend. Es hatte noch nie einen spanischen Kreuzzug gegeben, um Jerusalem zu befreien. Dennoch gaben diese Gedanken der Eroberung der Neuen Welt eine Dimension und Dynamik, die weit über die reine Eroberung von Land hinausging. Dies führte zur vergleichsweise aggressiven Vorgangsweise der Konquistadoren wie Hernán Cortés (1485-1547) in Mexiko oder Francisco Pizarro (1476/8-1541) in Peru, die in dieser Systematik und durch ihre rasche und eigentlich unvorstellbare Geschwindigkeit in keiner Weise mit der späteren Inbesitznahme

Nordamerikas zu vergleichen ist.[12] Diesen *militärisch-aggressiven* Zug wurde Lateinamerika bis heute nie wirklich los und dürfte auch einer der Gründe für die bis heute anhaltende zentrale Rolle des Militärs in Politik und Gesellschaft sein - und somit für die zahlreichen und teils brutalen Militärdiktaturen in dieser Region.

Kolumbus definierte also die Rückeroberung Jerusalems als eine, wenn nicht *die* wesentliche Antriebskraft, die Expedition zu unternehmen. Erscheint dies nicht absurd? Unser Schulwissen sagt uns, dass er nach Indien wollte, um die so erfolgreichen Portugiesen mit ihren eigenen Waffen zu schlagen. Also reine wirtschaftliche, bestenfalls machtpolitische Überlegungen meinen wir, bewogen Kolumbus, diese Expedition zu unternehmen. Seine Aussagen geben aber ein anderes Bild. Wichtig für unsere Zwecke ist es nämlich zu verstehen, was Kolumbus bewogen hat und was die Folgen dieser Folie für das weitere Verständnis der Sicht der Europäer auf Amerika hatte. Auf einer oberflächlichen Ebene stand die Suche nach Gold sehr wohl im Vordergrund – und diese Ebene erscheint uns auch heute noch die wesentliche zu sein, nicht zuletzt, weil sich aus der Entdeckung Amerikas tatsächlich gewaltige wirtschaftliche Auswirkungen auf Europa und die Welt ergaben (alleine durch den Fluss riesiger Mengen von Gold und Silber in die europäische Wirtschaft, der Austausch von heute

---

[12] Die britischen Kolonien waren nie derart durch das Militär dominiert wie die spanischen und der Kreuzzugsgedanke spielte dort nie eine Rolle.

nicht mehr wegzudenkenden Nutzpflanzen wie Mais, Kartoffel, Tomate, Tabak), Jerusalem aber bekanntlich nicht wieder für die christliche Welt zurückerobert wurde. So blieb Kolumbus im kollektiven Gedächtnis bei uns nur als *Entdecker* haften, aber nicht als *Utopist* oder *Mystiker*. Wir gefallen uns darin, dass es Europa war, das die Welt „entdeckte" und dass wir letztlich immer noch die Nutznießer dieser Umwälzungen sind. Spätestens mit der Phase der Entdeckungen entwickelte sich Europa zur führenden Macht auf dem Globus und das seitdem herrschende kapitalistische System ist vor allem auf die durch das amerikanische Edelmetall anspringende wirtschaftliche Dynamik zurückzuführen. Wir leben in der Welt, die 1492 geboren wurde. Für Utopien ist aus unserer Sicht wenig Platz. Für Amerika aber, das vom Reichtum an Edelmetallen nicht profitierte, wirkte dieser letztere Aspekt der Utopie länger und tiefer nach, formte die Ideale der spanischen Kolonisten im Süden und der britischen Kolonisten im Norden und in Folge somit die Ideale der amerikanischen Revolution und der Unabhängigkeitsbewegungen im Süden. Daher wollen wir einen Blick auf diesen wenig beachteten Aspekt werfen, um die Folgen besser zu verstehen.

Wir dürfen nicht vergessen, dass es zwar Kolumbus war, der die Tür zur Moderne aufstieß, er selbst aber keineswegs modern war, es gar nicht sein konnte. Die Gedankenwelt des Mittelalters war für ihn alleinig wirkmächtig, ohne dass es dazu eine Alternative gegeben hätte. Spanien hatte wie erwähnt genau im Zeitraum der Reifung der Idee und der Planung der Expedition des Kolumbus gerade die jahrhundertelange *Reconquista* vollendet, Latein war noch für Jahrhunderte die Sprache der europäischen Gebildeten, die Vorherrschaft des Papstes über Religion und weltliche Angelegenheiten noch nicht durch Martin Luther herausgefordert. Die Herrscher, seien es von Spanien, Portugal oder der deutsche Kaiser, hatten ein Selbstverständnis von sich und ihrem Amt, das noch fast dreihundert Jahre lang bis zur Französischen Revolution unangetastet blieb. Kopernikus' revolutionäres Hauptwerk wurde fünfzig Jahre *nach* der ersten Reise des Kolumbus veröffentlicht und Galileo Galilei wurde *zwei Generationen später* geboren, die Durchsetzung ihrer modernen Ideen dauerte noch viel länger. Kolumbus lebte in einer von uns geistig fundamental unterschiedlichen Welt und so formulierte und verstand er seine Expedition in einer aus unserer Sicht völlig unterschiedlichen Funktion und Absicht. Es war natürlich nicht seine Absicht gewesen, die Moderne einzuläuten – nichts hätte ihm ferner liegen können und er konnte gar nicht in der Lage sein, die Folgen seines Handelns abzuschätzen. Seine Ideen und Visionen entstanden also in einem *mittelalterlichen* Gedankennetz. Eine der prägenden Ideen des Mittelalters wiederum war die Rückeroberung Jerusalems von den Muslimen (damals *Sarazenen* genannt) – immerhin war die Stadt bereits im Jahre 637 von den islamischen Heeren dem Zugriff des Christentums entzogen worden, im Jahre 1095 schlug der Funke anlässlich einer Predigt von Papst Urban II. auf die Massen über, was zum ersten Kreuzzug und zur Eroberung Jerusalems führte. Bis 1291 konnten sich die fränkisch-lateinischen Königtümer halten, waren also nur wenige Generationen vor Kolumbus wieder verloren gegangen. War der Kampf um Jerusalem aus der fränkischen, das heißt zentraleuropäischen Sicht schon lange verloren, war er schon lange hoffnungslos erschienen und keiner Wiederholung wert, so befand sich Spanien *buchstäblich bis wenige Tage* vor dem Aufbruch in die Neue Welt noch im Kampf gegen den Islam. Eine Fortsetzung dieses Kampfes erschien daher aus spanischer Sicht einerseits als logische Fortsetzung der eigenen, so erfolgreichen Bemühungen, andererseits als machbar!

Kolumbus war – wie wohl alle Menschen seiner Zeit – tiefgläubig und sah sich als Werkzeug Gottes. Die Jagd nach Mammon war nicht sein Streben, die nach den langen Kriegen finanziell geschwächten Könige sahen dies schon eher so. Es brauchte zwar zunächst einiger Überzeugungskunst, aber schließlich erwärmten sich Ferdinand und Isabella und wollten das Gold. Und wenn es davon so viel geben sollte, um auch noch Jerusalem zu erobern, umso besser. Eine moralische Rechtfertigung ist immer gut. Kolumbus schrieb dies sogar dem Papst: „Dieses Unternehmen wurde zu dem Zwecke angegangen, seinen Ertrag für die Rückgabe des Heiligen Grabes an die Heilige Kirche zu verwenden. Nachdem ich mich aufgemacht und das Land dort gesehen hatte, schrieb ich dem König und der Königin, meinen Herren, dass ich in sieben Jahren fünfzigtausend Mann Fußvolk und fünftausend Reiter für die Eroberung des Heiligen Grabes unterhalten würde, und in den darauffolgenden fünf Jahren weitere fünfzigtausend Mann Fußvolk und weitere fünftausend Reiter, so dass zehntausend Reiter und hunderttausend Mann Fußvolk dafür bereitstünden."[13] Kann man sich ein derart großes Heer vorstellen? In welcher Gedankenwelt lebte Kolumbus, um zwei Königen und dem Papst dies allen Ernstes vorzuschlagen und damit seine Expedition zu begründen? Der zeitgenössische Chronist Bartolomé de las Casas (1484-1566) charakterisierte Kolumbus als sehr religiös und schrieb weiter: „Und mit besonderer Hingabe und Andacht hoffte er, Gott möge ihn für würdig befinden, irgendwie zur Rückgewinnung des Heiligen Grabes beitragen zu können; und mit dieser Hingabe und dem Vertrauen darauf, dass Gott ihn bei der Entdeckung der Welt, die er verhieß, leiten würde, bat er die Allerdurchlauchtigste Königin Doña Isabella, sie möge geloben, alle Reichtümer, die durch seine Entdeckung den Königen zufielen, dafür aufzuwenden, das Land und das Heilige Grab in Jerusalem zurückzugewinnen, und dies tat die Königin auch."[14] Man stelle sich vor, dass ein Untertan, der

---

[13] Todorov, ibidem, S. 20.
[14] Todorov, ibidem, S. 21.

vom König Geld und materielle Hilfe für die Ausrüstung einer mehr als fragwürdigen Expedition erbettelt, diesem auch noch abnötigt, den zu erwartenden Gewinn für ein weiteres Abenteuer mit ungewissem Ausgang vorzusehen! So scheint es einerseits verständlich, warum die Könige diesem Vorhaben so skeptisch gegenüber standen[15] und andererseits, welche starke religiöse Triebfeder der ganzen Idee zugrunde lag. Tzvetan Todorov wertet diese Triebfeder als archaisch: „Colón [Kolumbus] ist nicht nur weit mehr an der Verbindung zu Gott als an den rein menschlichen Angelegenheiten interessiert, auch seine Art von Religiosität ist (für seine Zeit) archaisch: Es ist ja kein Zufall, dass das Projekt der Kreuzzüge seit dem Mittelalter aufgegeben ist. Paradoxerweise ist es also ein Wesenszug seiner mittelalterlichen Denkart, der Colón dazu bringt, Amerika zu entdecken und das moderne Zeitalter einzuleiten."[16] Nach dem erfolgreichen endgültigen Abschluss der *Reconquista* auf der iberischen Halbinsel war vielleicht auch für Ferdinand und Isabella die Zeit gekommen, an weitere Eroberungen für das Christentum zu denken: „Die Kapitulationen (Verträge) von Santa Fe, die Kolumbus zur Indienfahrt ermächtigten und seinen Forderungen nachkamen, unterzeichnete das spanische Königspaar noch im Heerlager [vor

---

[15] Kolumbus bedrängte die beiden Könige von 1486 bis 1492! Zuvor hatte er es auch bei den Portugiesen, Franzosen und Engländern versucht, all diese wollten aber gar nichts von dieser Idee wissen und wiesen ihn ab.
[16] Ibidem.

Granada, also noch während der *Reconquista*]. Allein schon durch diese zeitliche Überschneidung wird deutlich, dass die Fahrt des Kolumbus eine logische Fortsetzung der spanischen Kreuzzugs-Politik darstellte."[17] Die Könige gingen eine Vereinbarung mit dem Papst ein: „So konnten die Könige von Sondersteuern profitieren, die der Papst der spanischen Kirche auferlegt hatte, um die *Reconquista* zu finanzieren. Im Gegenzug gelobten die spanischen Könige, den Papst bei einem Kreuzzug ins Heilige Land zu unterstützen. Diesen Zusammenhang zwischen dem Kampf gegen die Mauren in Spanien und seiner Westfahrt führte auch Kolumbus an. Er versprach, die Gewinne seiner Fahrt in die Rückeroberung Jerusalems fließen zu lassen, und bewarb den neuen Seeweg als strategische Option im Kampf gegen die Muslime."[18]

Neben der Motivation, Jerusalem für die Christenheit zurückzugewinnen, stand für Kolumbus zusätzlich ein zweiter höchst wichtiger Aspekt im Vordergrund, der stark ideeller Natur war. Er unternahm nämlich auch eine mythisch inspirierte, der Bibel folgenden Suche nach dem *Paradies auf Erden*. Sein Studium der ihm vorliegenden geographischen Informationen veranlasste ihn, das verloren geglaubte Paradies genau lokalisieren zu können. So verstand er auch einen Vers aus der Offenbarung des Johannes,

---

[17] Mehr, Entdeckungen, S. 25.
[18] Ibidem, S. 26.

dass die Entdeckung einer neuen Erde mit der Rückeroberung Jerusalems zusammenfallen werde: „Und ich sah einen neuen Himmel und eine neue Erde, denn der erste Himmel und die erste Erde sind vergangen, und das Meer ist nicht mehr. Und ich sah die Heilige Stadt, das neue Jerusalem, von Gott aus dem Himmel herabkommen, bereitet wie eine geschmückte Braut für ihren Mann."[19] Im *Imago Mundi*, einer theologischen Beschreibung der Welt von Pierre d'Ailly, fand Kolumbus die Behauptung, dass sich das irdische Paradies in einer gemäßigten Region jenseits des Äquators befinden muss.[20] Seiner Vorstellung nach konnte man also das Paradies, das neue (ideelle) Jerusalem, erreichen, indem man nach Westen segelte, was einfach und verlockend zugleich klang. Im Gegensatz also zu den Portugiesen, denen derartige Anwandlungen fremd waren und die Sache nüchterner betrachteten, mischte sich bei Kolumbus ein *messianischer, utopischer Ton* in sein Unternehmen, der nicht ohne Folgen bleiben sollte.

Kaum landete Kolumbus am 12. Oktober 1492 auf einer der Inseln der Bahamas, sah er sich auch schon in seiner Annahme bestätigt: die Einwohner der Insel waren nackt, was prompt dahingehend interpretiert wurde, dass das Paradies nicht weit sein

---

[19] Offenbarung des Johannes, Kapitel 21, Verse 1-2.
[20] Todorov, Eroberung Amerikas, S. 25. Pierre d'Ailly (1350-1420) war ein französischer Kardinal. Neben dem Reisebericht des Marco Polo zog Kolumbus u.a. *Imago Mundi* als Quelle für seine Recherchen über die Beschaffenheit und Größe der Erde heran.

könne![21] Jedenfalls hatte sich Kolumbus so gründlich getäuscht, dass der mexikanische Autor Carlos Fuentes gleich am Beginn seiner Geschichte der hispanischen Welt pointiert meinte: „Das war nicht die erste oder letzte abendländische Desorientierung" und fährt wenige Sätze später fort: „Da das Gebiet bar jener asiatischen Schätze war, auf die er [Kolumbus] gehofft hatte, erfand und berichtete er nach Spanien die Entdeckung von Wäldern, Perlen und Gold."[22] Gleichzeitig habe Kolumbus nach Ansicht von Fuentes eine Vision vom Goldenen Zeitalter vor Augen gehabt. *Die Länder der Neuen Welt wurden somit zu Utopien*, da er eben das Paradies gefunden zu haben glaubte. Mit fatalen Folgen, die bis heute wirken: „Seit jener Zeit lebt der amerikanische Kontinent zwischen Traum und Realität, im Widerspruch zwischen der guten Gesellschaft, die wir ersehen und der unvollkommenen, in der wir leben."[23] Dies ist nicht nur ein Wesenszug Lateinamerikas, auch die USA sehen sich als der Versuch, eine bessere Gesellschaft auf Erden zu gestalten. Zwar wurden nach der Entdeckung Amerikas noch weite Gebiete der Alten Welt entdeckt - das heißt die Routen zu den Gewürzinseln auf dem Weg um Afrika -, aber von Afrika und Asien hatte man in Europa schon seit Jahrhunderten, wenn nicht Jahrtausenden Kenntnis und so konnte man in diese Weltgegenden keine

---

[21] Mehr, Entdeckungen, S. 41.
[22] Fuentes, Der vergrabene Spiegel, S. 7.
[23] Ibidem, S. 8.

Utopien hineinprojizieren. Man klammert sich in Amerika bis heute an die Idee der *Utopie*, da die Neue Welt eben als solche gegründet worden ist, „weil die Erinnerung an eine bessere Gesellschaft zu unseren Ursprüngen gehört und wir sie ebenso am Ende unseres Weges sehen – als Erfüllung unserer Hoffnungen."[24]

Kolumbus wähnte sich dem Paradies ganz nahe: er glaubte nämlich, dass dieses im äußersten Osten liege, da dieser ein mildes Klima besitze. Und der Osten ließe sich aufgrund der Kugelform der Erde auch erreichen, indem man nach Westen segelte. „Und jene Inseln, die ich jetzt entdeckt habe, sind das Ende des Ostens"[25], schreibt er schon im Januar 1493. Auf seiner dritten Reise war er sich schon fast sicher: „Ich glaube, dass sich dort [in der Nähe des Äquators] das irdische Paradies befindet, wohin niemand gelangen kann, es sei denn *durch Gottes Willen*."[26] Er war kein Forscher im modernen Sinne, der empirisch vorging und das Beobachtete rational erklärte, er war sich vielmehr von Beginn an sicher, was er finden würde und brachte seine – oft durchaus realitätsnahen – Beobachtungen mehr oder weniger mit Gewalt

---

[24] Ibidem.
[25] Todorov, Eroberung Amerikas, S. 25.
[26] Ibidem. Hervorhebung von mir. Venezuela liegt nur wenig nördlich des Äquators und dort meinte Kolumbus auch, das Paradies gefunden zu haben.

mit dieser vorgefassten Meinung in Einklang.[27] So verhielt es sich auch mit der Suche nach Gold – es musste da sein, da es für den Kreuzzug nach Jerusalem gebraucht wurde. Diese Denkart war auch seinen Zeitgenossen aufgefallen, so schreibt las Casas: „Er brannte darauf, die Geheimnisse dieser Länder zu ergründen, denn es schien ihm unmöglich, dass es dort keine Dinge von großem Wert gäbe. … Es ist erstaunlich, dass dem Menschen, wenn er etwas innig wünscht und einmal fest in seiner Vorstellung verankert hat, unentwegt alles, was er hört und sieht, als Bestätigung erscheint."[28] Diese Projektionen auf das Paradies und irdischen Reichtum werden immer wieder die Phantasie in Amerika beflügeln. „Aber dieser große wunderbare Erfolg gebührt nicht mir [Kolumbus], sondern ist das Verdienst unseres allerheiligsten, christlichen Glaubens und der aufrichtigen Frömmigkeit unseres Herrscherpaares, weil, was menschlicher Verstand nicht erreichen konnte, Gottes Geist den Menschen gewährt hat. Denn Gott pflegt seine Knechte und die, die seine Gebote halten, auch in scheinbar unmöglichen Dingen zu erhören, wie er es mit uns gegenwärtig getan hat."[29] An dieser Sicht hielt er auch bis zu seinem Tode fest: „Ich habe bereits gesagt, dass mir bei der Durchführung der Indienreise weder

---

[27] Ibidem, S. 26.
[28] Zitiert ibidem, S. 30f.
[29] Brief an Santangel, März 1493. Zitiert in Michels-Schwarz und Schwarz, Ankunft, S. 63.

Vernunft, noch Mathematik, noch Weltkarten Nutzen gebracht haben; es ging nur in Erfüllung, was der alttestamentarische Prophet Jesaja vorhergesagt hatte."[30]

Kolumbus konnte seine Begeisterung kaum zügeln, als er die von ihm entdeckte Insel Hispaniola[31] beschrieb: „Die ‚Spanische Insel' ist ein wahres Naturwunder: ihre zahlreichen Gebirge, weiten Ebenen und fruchtbaren Landschaften eignen sich in hervorragender Weise zur Anlage von Pflanzungen, zur Viehzucht und zur Errichtung von Städten und Ortschaften. Von der Schönheit der natürlichen Seehäfen kann man sich kein rechtes Bild machen, wenn man sie nicht mit eigenen Augen gesehen hat. Die Flüsse sind äußerst zahlreich, sehr breit und viele von ihnen sehr goldhaltig. … Die Bewohner dieser Insel sind genauso wie jene aller anderen Inseln, die ich entdeckt oder über die ich Kunde erhalten habe, ohne Unterschied des Geschlechts vollkommen nackt, *wie sie Gott erschaffen.*"[32] So stellte man sich das Paradies vor: eine unberührte Natur (in der man Städte gründen kann), alles im Überfluss und Menschen, die sich im Stadium des Garten Eden befinden. Man kann anpflanzen und alles wächst ohne Mühe und für den Rest sorgt das Gold in den Flüssen, das

---

[30] In seinem *Libro de las Profecías* (Buch der Prophezeiungen) vom Jahre 1501; zitiert in Todorov, S. 33.
[31] Diese Insel teilen sich heute die Dominikanische Republik und Haiti.
[32] Rodríguez Monegal, Chroniken Lateinamerikas, S. 69. Hervorhebung von mir. Haiti ist heute das ärmste Land der westlichen Hemisphäre.

man also nicht einmal mühsam durch Bergbau gewinnen muss, sondern quasi nur herausschöpfen muss. Fast besser noch, die Einheimischen machen alles noch leichter für den Entdecker: „Weiß man aber ihr Zutrauen zu gewinnen und ihre Furcht in den Wind zu schlagen, so erweisen sie sich als so ehrliche und freigebige Menschen, dass es niemand für möglich halten würde, der es nicht selbst erlebt hat. Was man auch von ihnen verlangt, nie werden sie es einem verweigern, sondern es einem herzlich gerne anbieten, wobei sie sich mit jeder noch so geringfügigen Gegengabe zufrieden geben."[33] Auch was ihre Religion betrifft, so befinden sich die Einheimischen in einem paradiesischen Zustand, vor dem Sündenfall: „Sie huldigen weder einer Sekte noch einem Götzendienst."[34] Auch die Eigentumsverhältnisse entsprechen den europäischen Vorstellungen vom Garten Eden: „Ich konnte mir darüber keine Klarheit verschaffen, ob sie so etwas wie Privateigentum besitzen; doch schien es mir so, als ob sie in allen Dingen, vor allem in den Lebensmitteln, Gütergemeinschaft hätten."[35] Und schon auf einer dieser ersten Stationen der Entdeckung des Paradieses suchte Kolumbus ein

---

[33] Rodríguez Monegal, Chroniken, S. 71.
[34] Ibidem.
[35] Ibidem, S. 75. Eine klare Fehlinterpretation der tatsächlich herrschenden Vorstellung zu Eigentum und Besitz, die die Vorstellung der Europäer in fataler Weise prägen sollte: man konnte sich so nämlich dieses Eigentum aneignen, da es „niemandem gehörte". Das Gleiche wiederholte sich in Nordamerika.

noch perfekteres Paradies: „Man berichtete mir auch, dass es eine weitere Insel, *größer* als die Spanische [also Hispaniola, deren Umfang er als größer als Spanien bezeichnet], gebe, deren Bewohner kein Kopfhaar haben, und wo eine Unmenge Goldes zu finden sei."[36] Es gibt also *noch größere Wunder*, seltsame, unreale Menschen sowie Gold im Überfluss – irgendwo hinter dem Horizont, man müsse nur suchen. Aber es handelte sich für Kolumbus nicht um bloße, unerfüllbare Fantasien, nein, er hatte das Paradies tatsächlich entdeckt: „Denn wenn auch gar viele von jenen Ländern zu berichten gewusst haben, so beruhten ihre Angaben nur auf Mutmaßungen, da niemand von ihnen füglich behaupten konnte, diese Länder mit eigenen Augen gesehen zu haben. So geschah es, dass die meisten meine Behauptungen nicht ernst nahmen und in das Gebiet der Fabel wiesen."[37]

Die Welt in ihrer Gesamtheit ist uns heutzutage natürlich so geläufig, dass uns nicht bewusst ist, welch fundamentale Auswirkung die Entdeckung Amerikas auf unser Selbstbild hatte und hat. Jeder von uns hat einen Globus vor sich, auf dem alle Gebiete der Erde bekannt und erforscht sind. Unzählige verschiedene Landkarten erläutern uns jeden Aspekt der Welt, in der wir leben. Die meisten von uns haben viele Länder und Kontinente bereist, wir haben Familien, Freunde, Bekannte,

---

[36] Ibidem, S. 76. Hervorhebung von mir.
[37] Ibidem, 76.

Geschäftspartner in allen Ecken unserer Welt und sie kommt uns vertraut vor. Wie anders die Welt kurz vor der ersten Reise des Kolumbus! Todorov wertet die Entdeckung Amerikas „oder vielmehr der Amerikaner [als] die bei weitem erstaunlichste Begegnung unserer Geschichte. Bei der ‚Entdeckung' der anderen Kontinente und der anderen Menschen gibt es nicht dieses Gefühl völliger Fremdheit: Den Europäern war die Existenz Afrikas oder Indiens oder Chinas nie gänzlich unbekannt; die Erinnerung an sie war seit den Ursprüngen beständig gegenwärtig."[38] Die Römer und Chinesen hatten voneinander vage Kenntnis, Herodot berichtete im 5. vorchristlichen Jahrhundert wie die Phönizier Afrika umschifften. Die Römer hatten auch Ahnung von der sagenhaften, im äußersten Norden gelegenen Insel Thule. Die Reisen Marco Polos und die Mongolenstürme machten jedem in Europa klar, dass es im Osten große Gebiete geben musste, selbst Japan rückte in das europäische Gesichtsfeld. Der riesige Kontinent auf der westlichen Seite des Atlantiks blieb aber völlig unbekannt. Auch wenn die Wikinger den amerikanischen Kontinent betraten, so hatten sie keine Vorstellung einer Neuen Welt und ihre Reisen und temporären Niederlassungen veränderten die Geisteshaltung in Europa in keiner Weise, im Gegenteil, sie gerieten in Vergessenheit. Auch wenn die Weltgeschichte aus Eroberungen und Entdeckungen bestand, so

---

[38] Todorov, Eroberung Amerikas, S. 12.

war es gerade die Entdeckung Amerikas, die „unsere gegenwärtige Identität vorgezeichnet und begründet" hat.[39] Und weiter: „Wenngleich jedes Datum, das zwei Epochen gegeneinander angrenzen soll, immer willkürlich bleibt, so ist doch keines besser geeignet, den Beginn des modernen Zeitalters zu markieren, als das Jahr 1492, das Jahr, in dem Colón den Atlantischen Ozean überquert. Wir alle sind direkte Nachkommen Colóns, mit ihm beginnt unsere Genealogie. ... Seit 1492 sind wir, wie es las Casas ausgedrückt hat, ‚in dieser so neuen und keiner anderen vergleichbaren Zeit'. Seit diesem Datum ist die Welt geschlossen (obwohl das Universum unendlich wird), ‚die Welt ist klein', wie Colón ganz entschieden feststellt; die Menschen haben nun die Ganzheit entdeckt, deren Bestandteil sie sind, während sie bis dahin ein Teil ohne Ganzes waren."[40] Das Paradies muss also künftighin auf dieser Erde gesucht werden, es kann nicht mehr außerhalb existieren. Da Amerika das letzte fehlende Stück dieser Erkenntnis war, kann das Paradies daher auch *nur in Amerika* gesucht – und gefunden werden. Wenn es dennoch nicht auffindbar ist, so muss es dort geschaffen werden, anders ist es nicht möglich. Dieses Substrat wirkt bis heute in *ganz* Amerika nach und beeinflusst das Selbstbildnis und die Gestaltung der teils missionarischen Politik Amerikas. Chávez hatte immer versucht,

---

[39] Ibidem, S. 13.
[40] Ibidem. Im Zitat habe ich die Zitatverweise Todorovs weggelassen, so ist es leichter lesbar.

die Lage der Bevölkerung zu verbessern und sie so dem Paradies ein Stück näher zu bringen und stand in der Reihe utopistischer Politiker.

Erstmals sprach Amerigo Vespucci (1451-1512) in seinen ab 1503 veröffentlichten Briefen von einem *mundus novus*, also einer Neuen Welt. Interessant ist, dass man diesen Entdeckungen nicht gleich den Namen eines Kontinentes gab, sondern mit der Bezeichnung „Neue Welt" auch eine Projektion vornahm. Erst 1507 erfolgte durch den deutschen Kartographen Martin Waldseemüller (1472-1520) die Namensgebung Amerika, also fünfzehn Jahre nach der Entdeckung und ein Jahr nach dem Tode von Kolumbus.[41] Und erstmals in der Entdeckungsgeschichte setzte ein Diskurs ein, der versuchte, in die Sicht der eigenen Welt und in das eigene Selbstverständnis *das Neue* einzuordnen. Fast zwangsläufig musste es dazu kommen, dass man im Neuen das „Bessere" sah, die Möglichkeit, den Zwängen der eigenen Welt zu entkommen, eine neue Ordnung aufzubauen. All dies impliziert der Begriff *mundus novus*.

Die Entdeckung der Neuen Welt und deren Funktion als Projektionsfläche für eine bessere Menschheit blieb daher auch

---

[41] Fairerweise hätte der Kontinent Columbia benannt werden sollen; da er sich seiner Entdeckung nicht bewusst gewesen war und dies daher nicht zu seinem Vorteil propagieren konnte, kam Vespucci zum Zug. Siehe dazu das Werk von Stefan Zweig, Amerigo – Die Geschichte eines historischen Irrtums.

nicht lange ohne literarische Verarbeitung: bereits im Jahr 1516 veröffentlichte Thomas Morus (1478-1535) seinen berühmten Dialog *Utopia*. Zwar gab es seit Plato (5. Jahrhundert v. Chr.) immer wieder in der europäischen Literatur und Philosophie die Sehnsucht nach Utopia, das Werk von Morus war in dieser Form als Satire neu und kann vielleicht als erster Hinweis aufgefasst werden, dass das Paradies sich offenbar zwar letztlich doch nicht in Amerika offenbarte, aber dennoch wirkungsmächtig als solches in der kollektiven Vorstellung blieb. Im Gegensatz zu Morus, der also nicht glaubte, dass es einen konkreten Ort gibt, an dem sich das Paradies findet bzw. verwirklichen lässt, war man ansonsten in Europa sehr wohl der Meinung, dass es diesen Ort gebe und dass dieser ohne Zweifel in Amerika zu finden sei.[42] „Amerika, sagt der mexikanische Historiker Edmundo O'Gorman, wurde nicht entdeckt, es wurde *erfunden*, von europäischer Phantasie und Sehnsucht, *weil es gebraucht wurde*. ... Amerigo Vespucci war dann schließlich der erste Europäer, der feststellte, dass unser Kontinent in Wahrheit eine Neue Welt war. Wir tragen seinen Namen zu Recht. Er war es, der *Utopia fest in Amerika verwurzelte*."[43] Vespucci beschrieb nämlich die Ureinwohner Amerikas als im paradiesischen Zustand befindlich, ohne Eigentum und ohne Gier nach Gold, auch ohne Regierung und „bestätigte damit für sein

---

[42] Fuentes, Spiegel, S. 117. Hervorhebungen von mir.
[43] Ibidem, S. 118. Hervorhebung von mir.

Renaissance-Publikum das perfekte anarchistische Utopia der Neuen Welt."⁴⁴ William Shakespeare (1564-1616) und Michel de Montaigne (1533-1592) übernahmen diesen Topos und verhalfen diesem somit zur Verbreitung in Europa, der erste Chronist Brasiliens vermeldete dem König von Portugal: „Sire, selbst die Unschuld Adams war nicht größer als die dieser Menschen."⁴⁵ Fuentes beschreibt in wenigen Sätzen treffend, wie sich Idee und Realität in Amerika zueinander verhalten: „In der Geschichte Spanisch-Amerikas hat der Traum vom Paradies und vom edlen Wilden der Wirklichkeit von Kolonisierung und Zwangsarbeit immer gegenübergestanden. Trotz aller Verleugnungen hat *die Illusion der Renaissance überdauert,* und sie wurde eine Konstante unseres Denkens und Sehnens. *Als Utopia wurden wir gegründet, und Utopia ist unsere Bestimmung."*⁴⁶

Es ist daher kein Zufall, sondern vielmehr *im Wesen Lateinamerikas verankert*, an einer besseren Gesellschaft zu arbeiten, sich utopischen Gedanken hinzugeben. Die Geschichte Lateinamerikas ist voll von Figuren, die mit messianischem Eifer ihr Land oder die gesamte Region in eine bessere Zukunft führen wollten: die Konquistadoren (Rettung der Seelen der Einheimischen), die Unabhängigkeitskämpfer (Abschütteln des

---

⁴⁴ Ibidem.
⁴⁵ Ibidem.
⁴⁶ Ibidem, S. 119f. Hervorhebungen von mir.

Jochs des Mutterlandes), die Jesuiten (Schutz und gleichzeitige Integration der Einheimischen in den sogenannten Reduktionen), sowie vor allem linke Politiker oder Revolutionäre wie Jacobo Árbenz in Guatemala, Francisco „Pancho" Villa in Mexiko, José Martí, Fidel Castro und Ernesto Che Guevara in Kuba, Evita Perón in Argentinien, welche mit tiefgreifenden Änderungen der Gesellschaften und Staaten dem Paradies ein wenig näher kommen wollten. Hugo Chávez steht daher keineswegs allein als Sozialutopist da, sondern ist eines der vielen Glieder einer Kette, die in der Zukunft sicherlich ihre Fortsetzung finden wird. Die immer wieder stattfindenden konservativen Militärputsche sind die dialektischen Gegenpole, die am Trend jedoch nichts ändern. Sogar die katholische Kirche hat sich in Teilen diesem Trend angeschlossen, was sich in der Befreiungstheologie manifestiert.

Ohne die grundlegenden Charakteristika des Mutterlandes zu kennen, ist ein Verständnis Lateinamerikas nicht möglich. Im Folgenden soll daher Spanien betrachtet werden.[47] Für den außenstehenden und oberflächlichen Betrachter ist Spanien eine Nation, die das Erbe der römischen Antike bewahrt hat und spätestens seit der Römerzeit als *Hispania* eine einheitliche Sprache, Kultur und Traditionen hat. Gleichzeitig erinnern die Probleme im Baskenland und in Katalonien aber daran, dass Spanien doch nicht so homogen ist, wie man es oft von außen sieht.

Nach dem Untergang des römischen Reiches blieb zwar ein starkes Substrat an *Latinitas* lebendig, sonst würde man heute in Spanien nicht eine romanische Sprache sprechen. Aber selbst dieser *Latinitas* liegt ein Erbe nicht nur der Römer, sondern der indigenen Iberer, sowie Kelten, Griechen, Phönizier und Karthager zugrunde. Nach dem Zerfall Roms hätte diese Grundlage leicht verloren gehen können, wenn man sich die Jahrhunderte bis 1492 genauer ansieht: Invasion der Vandalen und Goten sowie der Araber. Die germanischen Völker besetzten

---

[47] Eine hervorragende Quelle ist dafür der schon mehrfach zitierte „kulturhistorische Essay" von Carlos Fuentes, Der vergrabene Spiegel. Erschienen 1992 im englischen Original unter dem Titel „The Buried Mirror" anlässlich der 500-Jahresfeiern der Entdeckung/Unterwerfung Amerikas. Ich habe die überarbeitete deutsche Ausgabe Frankfurt 1998 herangezogen und dieses Kapitel fundiert im Wesentlichen darauf.

die Halbinsel für Generationen vollständig, die Araber nahezu vollständig und zwar für lange neun Jahrhunderte! Praktisch zeitgleich mit der arabischen Invasion ab 711 begannen der Widerstand und die zähe Rückeroberung, die wie erwähnt bis 1492 andauerte. Diese ein gutes Jahrtausend währenden Eroberungen und Rückeroberungen formten einen nationalen Charakter, der ohne großen Unterbruch von Spanien in die Neue Welt übertragen wurde.[48] Die Figur des edlen Ritters, des Draufgängers, der einem höheren Ziel verpflichtet ist, prägte die Psyche des Volkes. Natürlich ging es auch immer um Bereicherung und persönlichen Ruhm, das große Ganze, das Entreißen der Halbinsel aus den Händen der Muslime blieb aber der Kern all dieser Aktionen. Es ging nicht nur darum, einen fremden Eroberer loszuwerden, sondern auch gleichzeitig Spanien und Portugal wieder in die einzig vorstellbare Ordnung, nämlich in das Christentum zurückzuführen. Es lag also folglich nichts näher, als den Beutezug in Amerika auch mit dem Seelenheil zu verbinden, das man den dort befindlichen Ureinwohnern zu Gute kommen lassen wollte. Messianismus im wörtlichen Sinne. Diese Umstände beeinflussten aber nicht nur die Soldaten, Adeligen und sonstigen Abenteurer, sondern vor allem auch die Kirche. Diese musste geradezu militant werden, um

---

[48] Fuentes, Spiegel, S. 32.

im islamischen Umfeld überleben zu können.[49] So kam es nicht nur zu einer Allianz zwischen Thron und Kirche, sondern in einem gewissen Sinne auch zwischen der Kirche und der Armee. Insofern war der Messianismus von einer starken *autoritären* und *militanten* Schlagseite, die das Sendungsbewusstsein vieler lateinamerikanischer Politiker bis heute prägt. Richtig ist, was richtig sein muss und dies wird dann auch durchgesetzt, wenn nötig mit Gewalt. Auf die Entwicklung der Figur des *Caudillo*, welche untrennbar mit der lateinamerikanischen Geschichte verbunden ist, gehe ich später noch ein.

Ein weiterer wichtiger Wesenszug der spanischen Seele ist der starke Einfluss des römischen Rechts. Dieses wiederum zeichnet sich durch seine Kodifizierung aus, das rechtliche Fragen in *grundsätzlicher* Weise löst, im Gegensatz zum angelsächsischen *case law*, das eher auf der *individuellen* Lösung rechtlicher Fragen basiert. Das kodifizierte Recht wurde somit zu einer der wichtigsten Traditionen Lateinamerikas, wobei das geschriebene *Recht* auch gleichzeitig die Quelle der *Rechtmäßigkeit* ist. Dies führt so weit, dass im unabhängigen Lateinamerika die geschriebene Verfassung grundlegende Bedeutung hat, ja geradezu als Bibel dient.[50] Jeder politische Richtungswechsel findet sich dann auch gerne in einer völlig neuen Verfassung wieder: bei einer Führung im

---

[49] Ibidem, S. 58.
[50] Ibidem, S. 40.

venezolanischen Parlament wurde mir, nicht ohne Stolz, eine riesige Vitrine gezeigt, in der schätzungsweise dreißig Verfassungen Venezuelas seit der Unabhängigkeit präsentiert wurden. Dies ergibt einen Schnitt von sieben Jahren pro Verfassung! Als das politische Haupterbe von Chávez kann die von ihm initiierte „bolivarianische" Verfassung angesehen werden, die er sofort nach seinem Amtsantritt in Angriff nahm. Die Verfassung wurde in einem blauen[51] Miniaturbüchlein publiziert und es gab kaum einer der zahlreichen Auftritte von Chávez, bei dem er nicht das Büchlein hervorholte und daraus zitierte. Kodifiziertes Recht als Quelle der Rechtmäßigkeit. Dies bedeutet im Umkehrschluss, dass Unrecht zu Recht werden kann, wenn es nur kodifiziert wird. Mehr noch, Carlos Fuentes meint sogar, das römische Recht „steht auch an der Wiege einer weiteren hispanischen Überlieferung: der Idee vom Staat als Mitschöpfer von Fortschritt und Gerechtigkeit, die sich durch Sprache und Gesetz gebildet hat."[52] Im Gegensatz zur beispielsweise angelsächsischen Tradition der Betonung der Rechte des Individuums (*pursuit of happiness* als einer der Pfeiler der USA!) stehen in der spanischen Philosophie die Rechte des *Kollektivs* im Vordergrund. Die *Reconquista* stand eben nicht im Zeichen der

---

[51] Warum das Büchlein zumeist einen dunkelblauen Einband hatte und seltener einen roten (wie bei einer sozialistisch inspirierten eher zu erwarten gewesen wäre), konnte mir niemand erklären.
[52] Fuentes, Spiegel, S. 40.

Verwirklichung individueller Rechte, sondern im Zeichen der solidarischen Gemeinschaft. Der jeweilige militärische oder politische Anführer musste sich diesem übergeordneten Ziel unterordnen. Die Saat für die zahlreichen linken Regierungen in Lateinamerika mit ihren Plänen zur Gestaltung des Kollektivs wurde Jahrhunderte zuvor in Spanien ausgebracht. Ich kenne keine lateinamerikanischen Politiker oder Politikerinnen, die nicht versuchen würden, den Staat und die Gesellschaft umzubauen – dies liegt im Selbstverständnis der Politik begründet! Chávez ging dabei zwar besonders weit, stand aber hier durchaus in einer langen Tradition.

Ein etwas längeres Zitat von Fuentes gibt tiefe Einblicke in das Selbstverständnis der lateinamerikanischen Demokratie: „Hier also [gemeint ist die Reconquista] liegen die Ursprünge der spanischen und der spanisch-amerikanischen Demokratie, die so viele Male besiegt, aber niemals wirklich zerstört wurde. Unser gegenwärtiges demokratisches Leben in Lateinamerika, fragil, wie es ist, hat seine tiefsten Wurzeln in jenen mittelalterlichen Kleinstädten [Spaniens]. Wir haben uns oft selbst getäuscht, indem wir die eigentliche hispanische Tradition der Demokratie, gegründet auf die freie Stadtgemeinde, vernachlässigt haben. Diese Selbsttäuschung hat als Entschuldigung gedient für zwei abwegige Formen der Selbstverleugnung: die Nachahmung der demokratischen Institutionen der französischen und angloamerikanischen Welt, da diese tatsächlich funktioniert *haben* [Hervorhebung im Original], und die Übernahme des Autoritarismus in einer modernen, fortschrittlichen Verkleidung, da nur dieser Weg, uns aufgepfropft wie der erste, die materiellen Voraussetzungen für eine Demokratie zu ermöglichen schien. Kapitalismus und Sozialismus haben in Lateinamerika beide wegen ihrer Unfähigkeit versagt, die eigene Tradition zu erkennen und zu stärken, die authentisch iberisch ist und nicht vom Angloamerikanischen oder Marxistischen abgeleitet."[53]

Ich finde an diesem Zitat zweierlei interessant: zum einen die Hervorhebung des Unterschiedes der politischen Entwicklung in Nordamerika, die auf den anglo-sächsischen und protestantischen Einfluss zurückzuführen ist. Zum zweiten, und für unsere Zwecke hier interessant, dass Fuentes schon 1992 das Scheitern des Sozialismus konstatiert, genau in dem Jahr, in welchem Hugo Chávez mit seinem gescheiterten Militärputsch schlagartig die politische Bühne Venezuelas betrat und das sozialistische System in der Sowjetunion und Osteuropa bereits gescheitert war. Dessen ungeachtet verbiss sich Chávez in den Marxismus und Sozialismus als heilsbringende Ideologien.

Und Fuentes weiter: „ … eine qualvolle Möglichkeit zu wählen zwischen demokratischen Traditionen, gehegt in den

---

[53] Fuentes, Spiegel, S. 71.

mittelalterlichen Stadtgemeinden, und dem autoritären Gebrauch und Missbrauch der Macht, wie er schon bald im vereinigten Königreich üblich war. Sie brachten der Neuen Welt den Zwiespalt des spanischen Charakters, sein Abbild aus Sonne und Schatten, welche die Seelen teilen, wie sie die Stierkampfarena teilen. Duldsamkeit oder Unduldsamkeit? Respekt für den Standpunkt des anderen, das Recht auf Kritik und In-Frage-Stellen oder die Inquisition? Mischung der Völker oder Reinheit der Rasse? Zentrale oder lokale Autorität? Macht von oben oder Macht von unten? Und vielleicht die Frage, die alles umschließt: Tradition oder Wandel? Diese Alternativen sollten die spanische Welt spalten, in Europa und Amerika, viele Jahrhunderte hindurch."[54] Dieses Zitat könnte auch einer Wahlkampfrede von Chávez entstammen, genau an diesen Widersprüchen hat er sich zunächst als Oppositionspolitiker gerieben, aber genau an diesen dürfte sein Projekt auch letztlich scheitern.

Jede Entscheidung von Chávez wurde öffentlichkeitswirksam mittels eines schriftlichen Dekretes untermauert, wobei die Unterzeichnung - natürlich mit einem dicken roten Stift - ebenfalls gerne vor laufenden Kameras stattfand. Dies erinnerte mich immer an die Erklärung der Konquistadoren, die den der spanischen Sprache nicht mächtigen Ureinwohnern feierlich

---

[54] Fuentes, Spiegel, S. 87.

verkündeten, dass diese nunmehr Untertanen des spanischen Königs waren. Egal, ob diese das verstanden hatten oder nicht, der Form war damit genüge getan und jeder Widerstand konnte daraufhin juristisch fundiert als Verrat angesehen und mit Waffengewalt bekämpft werden. Chávez stand in der legistischen Tradition Spaniens, sein gesamtes politisches Wirken manifestierte sich in Gesetzen und Dekreten.

Es zeigt sich, dass Amerika seit seiner Entdeckung für die Europäer eine riesige Projektionsfläche für utopische und weltverbessernde Vorstellungen war. Nach und nach wurde diese Vorstellung auch in Amerika selbst übernommen und stellt ein wesentliches Fundament für das Selbstverständnis dieses Kontinentes dar – sowohl im Norden als auch im Süden. Politik hat in Amerika *immer* den Anspruch, die Utopie zu verwirklichen, das Paradies auf Erden zu schaffen. Chávez war hier ganz klar einer jahrhundertelangen geistigen Tradition verhaftet.

Die großen Vorbilder für die Konquistadoren waren die aus den Heldenliedern bekannten andalusischen Ritter, die die *Reconquista* durchführten.[55] Der wohl berühmteste unter ihnen ist Rodrigo Díaz de Vivar (um 1043-1099), besser bekannt unter seinem *nom de guerre* El Cid. Diesem ist das längste mittelalterlich-spanische Heldenepos gewidmet, das *Cantar de Mio Cid* – Das Lied von meinem Cid. Es ist das einzige erhaltene große Epos aus dieser Zeit und seine Bedeutung für die spanische Kultur kann mit dem Nibelungenlied verglichen werden, dessen Heldensagen bei uns auch bis weit in das 19. Jahrhundert und darüber hinaus wirksam waren.

Die Eroberer Mexikos und Perus, Hernán Cortés und Francisco Pizarro, kamen aus eher einfachen Verhältnissen und stellten sich lediglich kraft ihrer Talente und Energie an die Spitze der Expeditionen, die schließlich – gegen alle Wahrscheinlichkeit – zur Unterwerfung und teilweisen Vernichtung des aztekischen und des Inka-Reiches führten. Klar ist, dass dies den jeweils wenigen Mann dieser Expeditionen nicht gelungen wäre, wenn nicht auch innere Gegner der beiden Reiche mit ihnen kollaboriert hätten. Für unsere Zwecke geht es aber darum, dass es nicht wie in Europa üblich, die souveränen Herrscher oder Vertreter des Hochadels waren, die die Kriegszüge leiteten, sondern eben

---

[55] Mehr, Entdeckungen, S. 66.

Männer aus niederen Schichten, die es daheim nie zu einem derartigen Kommando gebracht hätten und dort derartige Husarenstücke nach dem Abschluss der *Reconquista* auch nicht mehr möglich waren. In diesem Sinne waren sie *self-made men,* die es geschafft hatten. Da ihnen der soziale Hintergrund für hohe Positionen fehlte, mussten sie dies durch Aggressivität und Gerissenheit wettmachen. Die weitere Geschichte Lateinamerikas ist voll von derartigen Führungspersönlichkeiten und das Erbe der Konquistadoren ist unschwer zu erkennen. Ein Blick auf die von Engländern und Franzosen gegründeten nordamerikanischen Kolonien und den daraus entstandenen Ländern USA und Kanada, denen derartige Heldenfiguren nahezu fremd sind, untermauert diese Ansicht. Mir ist außer dem viel älteren Mythos um König Arthus auch kein wirklicher englischer oder französischer Held oder Heldenroman bekannt, der eine Ausstrahlung wie El Cid gehabt hätte. England und Frankreich hatten auch keine *Reconquista* durchzuführen ...

Nehmen wir die Geschichte von El Cid zum Ausgangspunkt, um die wichtigsten Charakteristika dieser Helden zu erkennen. Auch hier hilft wieder Fuentes, der diesen in der Tradition des hispanischen Widerstandskämpfers Viriathus (ca. 180-139 v. Chr.) sieht, der gegen die Römer kämpfte, und in der Tradition eines der ersten Guerillakämpfer gegen die Mauren, Pelayo (gestorben

737).[56] El Cid ist die spanische Version des arabischen Titels *Sidi*, was so viel wie Herr bedeutet, ist also ein Anführer, der nicht auch zugleich ein König ist. Ein Pendant zu diesem Titel ist *Comandante*, der ja nicht unbedingt den Staatschef bezeichnen muss, sondern zunächst den Anführer einer Truppe Kämpfer oder Soldaten: Ernesto Che Guevara, Fidel Castro, Hugo Chávez verwenden diese Bezeichnung am liebsten für sich. Dieser Titel kehrt das Militärische hervor, das Verwegene, das Charismatische. Ein Präsident mag ein gewählter Anführer sein, ein *Comandante* hat aber dank des bedingungslosen Gehorsams seiner Mitstreiter eine Machtfülle, die auch über verfassungsmäßige Beschränkungen hinauswachsen kann: in Kriegszeiten herrscht das Recht des Stärkeren und es müssen oft harte Entscheidungen getroffen werden. Eine weitere wichtige Aufgabe des Anführers neben der Durchsetzungsfähigkeit ist die Verteilung der Beute unter den Mitstreitern. Während der *Reconquista* war es üblich, dass der Anführer Land an ihre Gefolgsleute verteilte, das den Mauren abgenommen wurde. Nachdem die iberische Halbinsel vollständig zurückerobert war und dieses System zum Erliegen gekommen war, fand man günstigerweise praktisch ohne Unterbruch in Amerika eine fast unversiegbare Quelle davon. Und im Sozialismus des 21. Jahrhunderts Chávez'scher Prägung wurden dementsprechend die Pfründe der verstaatlichten Betriebe und

---

[56] Fuentes, Spiegel, S. 58.

Latifundien an die Mitstreiter, also die Parteimitglieder verteilt: jahrhundertelange Traditionen lassen sich schwer begraben. Nichts anderes aber haben die Mitstreiter von Chávez erwartet, als dass er die Beute verteilt.

Was kennzeichnete die Konquistadoren noch? Sie kamen zweifach aus Randregionen: gesellschaftlich (von unten) wie geographisch (Estremadura und Andalusien), so wie Chávez – dieser stammte ebenfalls aus bescheidenen Verhältnissen und aus der Provinz. In den Städten gab es starke demokratische Traditionen, gleichzeitig wurde persönliche Macht regelmäßig missbraucht und Gewalt eingesetzt. So wie Spanien immer wieder zwischen demokratischen und autoritären Phasen schwankte, so auch Lateinamerika. Auch dort wechseln sich Demokratien und (Militär)Diktaturen ab; die Entwicklung in England lief anders ab, dort blieben autoritäre Regime die Ausnahme (zuletzt Oliver Cromwell 1653-58) und dementsprechend blieben diese auch in Nordamerika die Ausnahme.

Die Eroberung der amerikanischen Gebiete durch die Konquistadoren kann also als „dynamische Fortsetzung" der *Reconquista* verstanden werden. Fuentes versteht sie als Vertreter eines „modernen Individualismus", der in der Renaissance weit verbreitet war, als Aufsteiger hin zu Erfolg.[57] *Self-made men* eben,

---

[57] Fuentes, Spiegel, S. 125.

die keine Rücksicht auf die Normen der Gesellschaft nehmen, sondern ihre Gesetze selber machen. Sie wandten sich nicht dem demokratischen Ideal der spanischen *Cabildos*[58] zu, das vielleicht eher ihrer niederen Herkunft entsprochen hätte, sondern sie wurden zu Herren, die alleine ihren Willen durchsetzen wollten. Sie scheiterten zwar oft genug an der Krone, die ihre Macht beschnitt, der Typ des *Caudillo* war aber schon von der ersten Stunde an vorgezeichnet. In den englischen Kolonien Nordamerikas entwickelte sich das demokratisch-kollektive Prinzip, in den spanischen Kolonien Lateinamerikas das paternalistisch-individuelle. Die Eroberung von Gebieten wurde in Nordamerika nicht durch den Besitz derselben belohnt, den Eroberungen gingen Gründungsakte des Königs voraus, die einer bestimmten, im Regelfall hochrangigen Person die Unternehmung einer militärischen Expedition und die *Ausbeutung* von Territorien gestatteten, aber nicht das *Eigentum* an diesen Territorien übertrugen. Die Kolonien in Nordamerika waren gemeinschaftlich konzipiert, in denen die Saat der Demokratie dann im Unabhängigkeitskrieg aufging. In Lateinamerika hingegen machten sich die Konquistadoren zumeist ohne klaren vorherigen Auftrag des Königs an die Eroberung, die sie dann nachträglich legitimieren ließen bzw. es zumindest versuchten. Die eroberten Kolonien in Südamerika wurden daher nicht auf

---

[58] Eigenverwaltung der Städte mittels einer Art Parlament.

demokratischer Basis organisiert, sondern unterstanden dem jeweiligen Eroberer bzw. einem vom König nach der Eroberung eingesetzten Vizekönig. Den meisten Konquistadoren gelang es, eine prominente politische Rolle in den Kolonien zu spielen, die sie im Heimatland, das feudal organisiert war, niemals hätten spielen können.

Ein anderer Wesenszug Lateinamerikas bildete sich bereits ganz zu Beginn der spanischen Kolonisierung heraus, der bis heute prägend ist. Der spanische König versuchte von Anfang an, den Konquistadoren und den Siedlern Gesetze aufzuerlegen, um die Kontrolle über die riesigen und weit entfernten Gebiete zu erlangen bzw. zu behalten. Drakonische Strafen sollten die Einhaltung der Gesetze garantieren, aber schon bald zeigte sich, dass zwar die Gesetze Geltung hatten, aber nicht beachtet wurden.[59] Der König war weit weg und Anordnungen konnten Jahre auf sich warten lassen. Es entstand eine tiefe Kluft zwischen dem Rechtssystem und der Realität vor Ort, die auch heute noch in weiten Bereichen zu erkennen ist. Die heutigen Verfassungen Lateinamerikas sind eindrucksvolle Dokumente der Menschenrechte, Rechtsstaatlichkeit und Demokratie, die gelebte Wirklichkeit ist aber oft genug weit davon entfernt. Gleichzeitig wurde der Glaube an die absolute Autorität des Königs und der

---

[59] *„La ley se obedece pero no se cumple"* lautet dies im Spanischen, Fuentes, Spiegel, S. 131.

Kirche über Jahrhunderte eingetrichtert mit dem Erfolg, das heute praktisch alle Staaten Lateinamerikas präsidentielle Demokratien sind, denen ein (zumindest theoretisch) starker Präsident vorsteht, die parlamentarische Struktur, wie sie vorwiegend in Zentral- und Nordeuropa und im angelsächsischen Raum inkl. Nordamerika exisitert, hat sich in Lateinamerika praktisch nicht durchsetzen können.

Später, nach der Erlangung der Unabhängigkeit, sollte die Armee eine zentrale, staatstragende Rolle in praktisch jedem lateinamerikanischen Land spielen.[60] In vielen Verfassungen wird der Armee eine Sonderstellung eingeräumt. Die Armee war es nämlich einerseits, die die Unabhängigkeit von Spanien (bzw. Portugal) errungen hatte, andererseits war sie in vielen Fällen die einzige Institution, die dem Chaos, das den Befreiungskriegen folgte, etwas entgegensetzen konnte. So erhielt die Armee, im Gegensatz zu Europa, auch die Rolle der Polizei, mit fatalen Auswirkungen, wie die vielen Militärdiktaturen bis in die jüngste Vergangenheit zeigen.

Die Wurzel des in Lateinamerika stark ausgeprägten Phänomens des *Caudillo* und des Helden liegt tief im mittelalterlichen Spanien. Aufgrund der Umstände bei der Eroberung der amerikanischen Gebiete für die spanische Krone wurde die Figur des von unten

---

[60] Rinke et al., Geschichte Lateinamerikas, S. 38.

kommenden starken Mannes, der sich rücksichtslos hochkämpft, zu einem Leitbild in der lateinamerikanischen Politik. Während in Europa und in Nordamerika die führenden Persönlichkeiten praktisch immer der Elite entstammten, war dies in den spanischen Gebieten Amerikas sehr oft nicht der Fall. Die Herkunft von Chávez aus bescheidenen Verhältnissen und sein Aufstieg zu fast uneingeschränkter Macht stehen somit eindeutig in der Tradition der Konquistadoren. Chávez selbst dürfte sich durchaus als Eroberer verstanden haben, der Venezuela den Eliten entrissen hat.

Nach der Beschreibung der utopischen Grundlagen Amerikas, des spanischen Erbes und der Vorbildwirkung der Konquistadoren in Amerika, müssen wir nun den Weg Venezuelas vom Beginn der Kolonialzeit bis zum Auftreten und Wirken von Simón Bolívar - des großen Vorbildes von Chávez - betrachten, denn ohne diese frühe Geschichte ist die neueste nicht verständlich.[61] Kolumbus hatte also den Weg gewiesen, und zwar nicht nur geographisch, sondern auch ideell, was die Projektionen der Europäer auf Amerika betraf. Geschichte, zu der natürlich auch die Entdeckungsgeschichte gehört, findet nie im abstrakten, ideologiefreien Raum statt, sondern stets eingebettet in eine lange Vorgeschichte, in Hoffnungen und Sichtweisen, die alles Handeln bestimmen. Auch wenn Kolumbus das Paradies nicht fand – nicht finden konnte – so fand er doch einen idealen Ort, der *Projektionsfläche von Utopien* werden konnte.[62] Er selbst konnte sich nie von dieser Vorstellung freimachen und alle seine Nachfolger bis hin zu Chávez ließen sich nur zu gerne verführen, das Paradies zu suchen.

---

[61] Michael Zeuske, Von Bolívar zu Chávez – Die Geschichte Venezuelas, Zürich 2008 ist eine sehr ausführliche Quelle, auf die ich mich hier stütze. Im Folgenden die Kapitel 1 bis 3.
[62] Was eigentlich ein Widerspruch in sich ist: „Utopie" bedeutet ja im eigentlichen altgriechischen Wortsinne „kein Ort" und lässt sich also daher letztlich auch nie verwirklichen. An einem realen Ort kann *per definitionem* niemals eine Utopie verwirklicht werden und deswegen leben wir auch immer noch in der realen Welt.

Aber der Weg war kein leichter und die Suche nach dem Paradies gestaltete sich langwierig. Von Beginn an blieben die Kolonialstädte an der Küste Venezuelas „Grenzorte der atlantischen Kultur"[63] und zwar nach innen und außen. Nach innen, weil zunächst das Landesinnere eine fast unüberwindliche Barriere darstellte. Nach außen, weil andere Orte des Atlantiks eine wichtigere Rolle spielten: z.B. Havanna und Santiago auf Kuba, Cartagena de las Indias im heutigen Kolumbien, Veracruz in Mexiko. Nie konzentrierte sich die volle Energie der spanischen Zentrale oder deren Konkurrenten wie England und Frankreich auf den Küstenstreifen am nordöstlichen Rande Südamerikas. Gold gab es anderswo, das so wichtige Zuckerrohr wurde auf den Antillen angebaut, der in Venezuela angebaute Kakao blieb im globalen Handelsgeflecht vergleichsweise unwichtig. Es gab auf dem Gebiet des heutigen Venezuela kein einheimisches Großreich wie die Azteken oder Inka, das übernommen werde konnte. Der aufstrebende Kapitalismus in Europa benötigte Gold, Silber und Zucker. All dies war an den Küsten Venezuelas nicht zu finden und so verblieb dieses Gebiet am Rande des riesigen atlantischen Treibens, das mit Kolumbus seinen Anfang genommen hatte.

Dennoch hielt die Phantasie das Interesse an Venezuela immer wach. Es konnte ja doch sein, dass noch irgendwo, hinter den

---

[63] Zeuske, Von Bolívar zu Chávez, S.43.

Bergen, hinter den riesigen Grasflächen, jenseits des Orinoko, das große Glück zu finden war. So fand sich immer jemand, der diesem Traum nachhing und sein Glück versuchte. Zeuske formuliert es prägnant: „Die Geschichte Venezuelas ist eine fast paradigmatische Geschichte *gescheiterter Utopien*: Auf dem Gebiet des heutigen Venezuela wurden mehrere Dorados vermutet, Perlenparadiese und grünes Gold des Kakaos, hier überlebten wesentliche Grundlagen liberaler konstitutioneller Staatlichkeit die Jahrzehnte europäischer monarchischer Reaktion in Form der ‚Freiheit Amerikas' und des kontinentalen Bolivarianismus, ebenso wie die Utopien einer ‚lateinischen' Republik, der ‚notwendigen Diktatur', Guerilla-Revolution, ‚westliche Modernisierung' und ‚stabile Demokratie.'"[64]

Zwar glaubte Kolumbus wie erwähnt bekanntlich bis zu seinem Lebensende, dass er in Asien gelandet war, aber in einer Eingebung sprach er angesichts der Paria-Küste (dem östlichsten Teil der heutigen venezolanischen Küste) von „neuen Himmeln und neuem Land, so wie es in der Offenbarung des Johannes heißt".[65] Das ist zwar irgendwie ein Widerspruch, aber welcher Träumer, welcher Visionär verstrickt sich nicht in Widersprüche? Wäre Kolumbus jemals aufgebrochen, wenn er nicht selber voller Widersprüche gewesen wäre, sich selbst und seinen

---

[64] Zeuske, ibidem, S. 44. Hervorhebung von mir.
[65] Ibidem, S. 45.

zeitgenössischen Vorstellungen gegenüber? Allein die Tatsache, dass er sich in ein Abenteuer mit ungewissem Ausgang stürzte, nachdem er jahre-, fast jahrzehntelang davon besessen war und mehrere Königshäuser genervt hatte, zeigt die inneren Spannungen, unter denen er gelitten haben musste. Diese entlud er dann in seinen vier epochalen Reisen, die die Welt erschüttern sollten. Nicht denkbar ohne Widersprüchlichkeiten.

Die Suche nach *El Dorado* hatte also als Suche nach Gold begonnen, wurde aber bald in eine ideelle Sphäre verlegt (vor allem, weil man ja nur an wenigen Stätten des riesigen neuen Raumes tatsächlich Gold fand). Es wurde laut Zeuske eine „Neue-Welt-Romanze", ein Traum von Shangri La, der kompletten, unverletzten Welt. Man war der Meinung, dass eine solche Welt tatsächlich existiert hatte und von den Spaniern zerstört worden war.[66] Könnte man sie nicht wiederfinden? Oder zumindest wieder herstellen? Dies musste doch möglich sein. Fünf Jahrhunderte lang sollten sich viele Idealisten, Verführer und Skrupellose auf den Weg ins vermeintliche Paradies machen und andere mit sich ziehen, meist ins Unheil. Im Laufe der spanischen Eroberung und Erkundung des amerikanischen Kontinents verlagerte sich die gedachte Lokalisierung *El Dorados* etappenweise von Kolumbien bis Guyana, zog also im

---

[66] V.S. Naipaul, The Loss of El Dorado – A Colonial History, London 1969, S. 17.

Wesentlichen durch das heutige Venezuela (s. Abb. 7). Überrascht es somit, dass das Streben nach der (Wieder)Errichtung des Paradieses gerade in Venezuela so ausgeprägt ist? Welcher Politiker kann sich dem leicht entziehen?

Aber die Neue Welt wurde nicht das Paradies, weil menschliche Gesellschaften letztlich überall gleich funktionieren. Sowohl im nördlichen als auch im südlichen Amerika entstanden Sklavenhaltergesellschaften. Die wenigen Siedler im Norden Amerikas, die wenigen Eroberer im Süden konnten die riesigen Räume nicht auffüllen, eine effiziente Bewirtschaftung gelang ihnen nicht aus eigener Kraft. Im Norden führte der massive gewaltsame Widerstand der Einheimischen schon von Beginn an dazu, dass man aus Afrika Sklaven importierte. Im Süden führte die Ausrottung der Einheimischen durch Eroberung, Krankheiten der Alten Welt und die abrupten Folgen der Versklavung letztlich zum selben Ausweg. Während sich in der Alten Welt die Schichtungen der Gesellschaft vor allem an der wirtschaftlichen Macht orientierten und sich vor allem an der Zugehörigkeit zu Familien höheren oder niederen Ranges manifestierten, kam in der neuen Welt zwangsläufig das Element der Rasse hinzu. Je heller die Hautfarbe, umso höheres gesellschaftliches Ansehen und zumeist umso reicher.

Wenig überraschend entwickelte sich auch im heutigen Venezuela eine Gesellschaft mit großen gesellschaftlichen und sozialen

Unterschieden, an deren Ausgleich die Elite grundsätzlich kein Interesse hatte. In der trügerischen Ruhe der späten Kolonialzeit ignorierten die Eliten von Caracas, dass eine tief gespaltene, extrem ungleiche Gesellschaft und eine sehr ungerechte Ordnung existierten. Die Bewohner der kolonialspanischen Städte sahen sich seit ihrer Ansiedlung in Venezuela als *Weiße* (*blancos*), als Spanier und somit als Träger der spanischen Lebensweise, Mentalität und Kultur. Dies aber in einem Land, das noch bis ins 19. Jh. mehrheitlich von *Indios*, *Pardos*[67] und schwarzen Sklaven sowie deren Nachkommen bewohnt war.[68] In der Kastenordnung und im Kastendenken waren in den ersten zweihundert Jahren der Kolonialgeschichte die Grundwerte von Schönheit und Hässlichkeit sowie von Gut und Böse entstanden und verfestigt worden. Diese Grundwerte entfalten die vielleicht tiefste und fundamentalste Einwirkung der Kolonialgeschichte auf die Gegenwart. Schön war und ist „*weiß*" und „spanisch" (oder später „amerikanisch"), hässlich war und ist „*schwarz*" oder „gemischt" und indianisch oder afrikanisch.[69] Heute noch wirkt dies in der venezolanischen Gesellschaft nach, wenn es auch offiziell keinen Rassismus gibt. Das Chávez-Regime bemühte sich zwar nach allen Kräften, dem ideologisch entgegenzusteuern. Zumeist blieb es

---

[67] Pardos sind Bewohner der Graslandschaften, der *Llanos*, also *Llaneros*, s. Zeuske, Von Bolívar zu Chávez, S. 119.
[68] Ibidem, S. 111.
[69] Ibidem, S. 113.

jedoch bei der Rhetorik. Ein Blick auf die Gesichter in der Regierung, Parlament, hoher Verwaltung etc. zeigen überwiegend Weiße und Mestizen, Schwarze gibt es kaum. Interessanterweise zeigt sich dasselbe Bild in Kuba – dort ist es auch in mehr als fünfzig Jahren Kommunismus nicht gelungen, die Barriere der Hautfarbe zu durchbrechen, auch wenn das die Regierung unermüdlich beschwört. Die Castro-Brüder sind das Paradebeispiel von Vertretern einer „weißen" Elite: der Vater war Einwanderer der ersten Generation von den Kanaren und hatte in seiner Kaste geheiratet.

Die Instrumentalisierung des Kastensystems zur Konstruktion und Bewahrung von informeller Macht zeigte sich auf vielerlei Arten, die auch heute noch angewandt werden.[70] Heirat nach „unten" war und ist verpönt, Berufe wurden weiter vererbt, die soziale und wirtschaftliche Mobilität war gering. In Caracas lebte (und lebt) die Mehrzahl der Elite, es handelte sich um rund 100 Oberhäupter kreolischer Familienclans. Zwölf dieser männlichen Familienoberhäupter trugen spanische Hochadelstitel. Diese Familien waren zum Teil miteinander versippt und verschwägert, die Familie Bolívar gehörte zu ihnen.[71] Simón Bolívar kam also nicht, wie etwa Hugo Chávez, aus einer niederen Schicht, der durch Revolution oder Befreiungskrieg versuchte, sein Schicksal

---

[70] Zeuske, S. 116.
[71] Ibidem, S. 122.

zu verbessern. Auch hier trifft die Parallele zu Fidel Castro zu, der aus der Elite kam. Insofern war Chávez tatsächlich aus der Sicht der bisherigen Eliten ein Fremdkörper in der Geschichte der lateinamerikanischen Revolutionen.

Wer genau war die Elite in den Kolonien? Zum einen die für die Dauer von einigen Jahren aus Spanien entsandten höchsten Beamten wie die Vizekönige, die den König vertraten. Diese kehrten im Regelfall nach Ablauf ihres Mandates in die Heimat zurück und fassten keine Wurzeln in den Kolonien. Entsandte niederen Ranges oder echte Kolonisten, die Latifundien bewirtschafteten, verblieben hingegen in den Kolonien und deren Nachfahren werden als *Kreolen* bezeichnet. Sie sahen sich selbst ebenfalls als *blancos* und bildeten zahlenmäßig bei weitem den größeren Bestandteil der Eliten. Waren die Interessen dieser beiden Gruppen in den ersten Jahrhunderten der Kolonialzeit mehr oder weniger deckungsgleich, so drifteten sie dennoch im Laufe der Zeit auseinander. Die kreolische Elite war also zahlenmäßig stärker als die aus Spanien stammenden Elite und so konnten die Kreolen ihr Schicksal langsam in die eigene Hand nehmen. Gleichzeitig aber war die kreolische Elite gegenüber den Indios, Mestizen und Schwarzen klar in der Minderheit. Dennoch waren die Kreolen zur eigentlichen Macht in den Kolonien herangewachsen und über drei Jahrhunderte lang funktionierte dieses System zur Zufriedenheit der Kreolen. Dies änderte sich jedoch unter dem spanischen König Karl III. (1735-1759), der mehr aus den Kolonien herausholen und diese enger ans Mutterland binden wollte.[72] Um seinen Einfluss in den Kolonien zu stärken, verwies er die Jesuiten, die zu den Vorbereitern modernen Gedankenguts zählten, aus seinen Besitzungen in Lateinamerika. Diese rächten sich am König mit der Veröffentlichung der nationalen Geschichte der Kolonien, was half, den sich langsam heranbildenden Nationen ein starkes Identitätsgefühl zu geben.[73] Der deutsche Forscher Alexander von Humboldt (1769-1859) trug durch seine Beobachtungen auf seiner Reise durch die spanischen Kolonien 1799 bis 1804 ebenfalls entscheidend zur Herausbildung eines lokalen Identitätsgefühl bei: er beobachtete, wie das Mutterland mehr vom erwirtschafteten Wohlstand profitierte als die Kolonien selbst.

Gleichzeitig erkannte die kreolische Elite, dass sie durch die steigenden Ansprüche der Pardos in ihrer Vorrangstellung bedroht wurden. Die Rebellion von Túpac Amaru (1738-1781) in Peru im Jahre 1780/81, die Revolte in der Stadt Coro in Venezuela im Jahre 1795 und die haitianische Sklaven-Revolution (ab 1791) öffneten den Kreolen die Augen: wenn sie nicht bald handelten, würden sie zwischen den wachsenden absolutistischen

---

[72] Eine interessante Parallele zum englischen König Georg III.
[73] Fuentes, Spiegel, S. 229-232.

Ansprüchen des Königs und den revolutionären Tendenzen der unteren Schichten aufgerieben werden. „Diese kalte, nüchterne Berechnung sollte in den warmen Mantel des aufblühenden Nationalbewusstseins gehüllt werden, im Sinne einer alles umfassenden, aus Geschichte und Geographie hergeleiteten Einheit, unter Ausschluss des spanischen Imperialismus und *jeder egalitären Politik.*"[74] Es sei an dieser Stelle in aller Klarheit festgehalten: der egalitäre Anspruch der von Chávez initiierten „bolivarianischen" Revolution hat *nichts* mit den Ideen von Bolívar zu tun. Diese sind in seiner Zeit in einem konkreten politischen Umfeld entstanden und konnten auch nur in diesem verwirklicht werden. Das Gleiche gilt natürlich für Chávez: auch seine Politik konnte nur im Rahmen der bestehenden Gegebenheiten der 1990er und 2000er Jahre verwirklicht werden und *kann* daher auch nicht die Fortsetzung der Ideen der Zeit der Unabhängigkeitskriege darstellen. Dieser Anspruch ist reine Fiktion.

Die Kreolen fürchteten nach der erfolgreichen Sklavenrevolte in Haiti zu Recht, die „Ideen von Saint-Domingue"[75] könnten auf die *Pardos* übergreifen und zu einer *Pardo*-Herrschaft führen – also einer Herrschaft der Farbigen; es handelt sich dabei um eine „ideologisierte Furchtikone der herrschenden Eliten

---

[74] Fuentes, Spiegel, S. 235. Hervorhebung von mir.
[75] So der damalige Name von Haiti.

Venezuelas"[76], die bis heute nachwirkt und die venezolanische Innenpolitik prägt. Im Gegensatz zu diesem Wertesystem, das bis heute von den Eliten als richtig angesehen wird, war Chávez auch immer stolz darauf, dass er gemischter Herkunft war. Dies zelebrierte er als bewussten Kontrapunkt und Provokation gegenüber den „Oligarchen", die sich weiterhin als „weiß" verstehen. Umso mehr liebte ihn dafür das Volk, das eben auch in seiner überwiegenden Mehrheit gemischt ist.

Der Zusammenbruch Spaniens 1808 durch die napoleonischen Kriege brachte dann schließlich die entscheidende Wende im Bestreben der Kreolen, sich vom Mutterland zu lösen. Die Kreolen sahen ihre Interessen immer weniger durch das Mutterland vertreten. Sie erkannten, dass die spanische Krone nicht mehr in der Lage sein würde, die eigenen lokalen Interessen zu schützen, nämlich gegen die störenden Angriffe Englands und Frankreichs, die wirtschaftliche Konkurrenz (Zucker) aus Kuba und die revolutionären Ideen Frankreichs, die in Haiti Chaos ausgelöst hatten.[77] Trotz all dieser Entwicklungen und Tendenzen deutete aber noch um 1800 nichts auf eine historische Heldenrolle für Simón Bolívar oder gar auf eine offene Rebellion der venezolanischen Eliten hin.[78] Im nach wie vor herrschenden

---

[76] Zeuske, Von Bolívar zu Chávez, S. 122.
[77] Zeuske, S. 124.
[78] Ibidem, S. 127.

Mythos der nationalen Geschichtsschreibung wird der Krieg um die Unabhängigkeit als die Befreiung einer bereits vorhandenen „Venezuela-Nation" von der Dominanz der Eliten Spaniens interpretiert. In Wirklichkeit handelte es sich zunächst um die Kulmination einer Reihe von schweren Konflikten. Verdeckt durch die Reformbemühungen, waren auch Machtkämpfe der lokalen Eliten im Gang und schwelten Konflikte zwischen den Kasten.[79] Dabei hieß es vor allem *Pardos* gegen die Eliten. Die *Pardos* standen wie erwähnt unter dem Eindruck der erfolgreichen Revolution von Haiti und konnten sich der Faszination der Idee der Gleichheit von Farbigen und Schwarzen den Weißen gegenüber nicht entziehen. Somit sahen sich die Kreolen veranlasst, nicht nur gegen Spanien, sondern auch *gegen die Mehrheit der eigenen Bevölkerung* eine eigene Revolution zu beginnen, eine *Revolution von oben*. Die strahlenden Vorbilder der amerikanischen, französischen und haitianischen Revolutionen waren unter den Massen zu wirkungsmächtig, die kreolischen Eliten mussten selbst ihr Schicksal in die Hand nehmen, um nicht dem Untergang geweiht zu sein. „Gleichheit" verstanden diese aber als Gleichheit gegenüber den aus Spanien entsandten Eliten, *an eine demokratische Gleichheit aller „Venezolaner" wurde dabei nicht gedacht*. Insofern orientiert sich die venezolanische Revolution eher am Vorbild der USA als an der Französischen Revolution: erstere war bestrebt,

---

[79] Zeuske, S. 127.

den kreolischen Eliten gegenüber dem Mutterland zur Vorherrschaft zu verhelfen, während die Französische Revolution darauf abzielte, die bestehende Elite zu ersetzen. Die neuartige Rhetorik aus Frankreich erwies sich jedoch als geeignetes propagandistisches Mittel, die partikularen Eigeninteressen der Kreolen mit den Interessen der *„Nation"* gleichzusetzen – einer Nation, die es bis dahin gar nicht gegeben hatte. Die gleichmacherische chavistische Revolution orientierte sich daher an den falschen Parametern, als sie Simón Bolívar zum Vorbild erkor.

An die Befreiung der Sklaven dachte im Zuge dieser Revolution von oben ursprünglich niemand, dies wäre gegen jede wirtschaftliche Vernunft und Interessen der kreolischen Elite gewesen. Man hielt also an der Hautfarbe als Kennzeichen des Grades der individuellen Freiheit fest. Da Spanien von Frankreich besetzt und damit dessen gleichmacherischen Ideen ausgesetzt war, überrascht es nicht, dass sich die Kreolen von Spanien abwandten. Napoleon war am Höhepunkt seiner Macht und es war keineswegs abzusehen, dass nur wenige Jahre später die bourbonische Restauration und das restaurative System des Wiener Kongresses (1814/15) viele der Errungenschaften der Französischen Revolution rückgängig machen würden. Aus dieser Sicht ist es verständlich, dass die Kreolen aktiv wurden und versuchten, den hemmenden Einfluss des Mutterlandes und den Import „schädlicher" Ideen abzuschütteln.

Eigennutz muss in der Politik immer ideologisch gerechtfertigt werden. Will man den König loswerden, so wird der Primat der Nation erfunden – wobei es dann eben jemanden geben muss, der die Interessen des Volkes vertritt. Modell Französische Revolution. Wenn es das Volk als Konstrukt nicht gibt (wer hätte das „Volk" sein sollen in der Sklavenhaltergesellschaft?) dann muss die Nation eben erfunden werden, in diesem Falle die venezolanische. Daher die Interpretierung der Wahrung der egoistischen Partikularinteressen der Elite als verbrämter Kampf der „*Nation*" gegen die Kolonialmacht. *Venezuela war geboren.* Ein unpassendes Vorbild für die von Chávez ausgerufene sozialistische Revolution, die sich immer auf Bolívar und dessen vermeintlich linke Politik berief.

Die Idee der Unabhängigkeit der Nation erwies sich im damaligen Kontext als die stärkste von vielen politischen Konzepten. Hinter ihr konnten die Interessen der Kreolen geschickt versteckt werden und gleichzeitig auch der Anschein gegeben werden, dass man die Interessen der Mehrheit der Bevölkerung wahren würde. Man erklärte, die Nation sei das größte Gut und nicht die Unterscheidung in soziale Gruppen. Mit der Idee der Nation konnten sich somit alle Bewohner leicht identifizieren, meinten sie doch, dass sie damit aufgewertet würden. Damit wollte man vor allem auch der haitianischen Revolution entgegensteuern, die der kolonialen Elite in Bein und Mark gefahren war: den Sklaven in Haiti war es ja gelungen, sich zu organisieren und nach langen, äußerst blutigen Kämpfen im Jahre 1804 nicht nur ihre Freiheit zu erkämpfen, sondern auch die Unabhängigkeit von Frankreich. Letzteres, also die Unabhängigkeit vom Mutterland, wollten auch die Kreolen in den spanischen Kolonien, sicherlich wollte man sich aber nicht von den benachteiligten Massen, seien es Sklaven oder die Unterschicht, massakrieren lassen.

In Spanien hatte sich lediglich die Stadt Cádiz sich dem Zugriff Napoleons entziehen können und dort wurden 1810 die alten *Cortes*, also die Stände, einberufen. Es ging um die Frage, ob der abgesetzte König weiterhin die Souveränität ausübte und wie die Kolonien zum Mutterland standen. Daher wurden erstmals zu den *Cortes* auch Vertreter der Kolonien eingeladen, was eine grundsätzliche Kompromissbereitschaft des Mutterlandes gegenüber den Kolonien anzeigte. Interessanterweise forderten die Kreolen insbesondere Freihandel und Repräsentation in spanischen Institutionen, *aber zunächst nicht die Unabhängigkeit*, was im Abschlussdokument der *Cortes*[80] und in der liberalen (spanischen) Verfassung von 1812 auch zum Großteil gewährt

---

[80] Auszüge aus diesem Dokument zitiert in Rinke et al. Geschichte Lateinamerikas, S. 7f. Interessant die Parallele zu den Forderungen der Siedler in den englischen Kolonien in Nordamerika.

wurde. Unter der geforderten „Gleichheit" verstanden die kreolischen Eliten die Gleichheit mit den Eliten des Mutterlandes – und nicht die Gleichstellung aller Bewohner in den Kolonien. Ein konservatives Programm also.[81] Und keine Rede von der Befreiung der Sklaven! Sobald aber die napoleonische Besetzung Spaniens beendet war und Ferdinand VII. (1814-1833) an die Macht zurückkehrte (er war 1808 von Napoleon abgesetzt worden), wurden die in Cádiz den Kolonien gewährten Vergünstigungen wieder abgeschafft, was den Kampf um die Unabhängigkeit einläutete.

---

[81] Zeuske, S. 130.

In diesem Umfeld also lebte und wirkte Simón Bolívar[82] (1783-1830). Nach den eben erfolgten Ausführungen folgt, dass der spätere Unabhängigkeitskämpfer und „Revolutionär" einer immens reichen Familie entstammte, die überwiegend Großgrundbesitzer und Armee-Offiziere stellte, also keineswegs aus dem „Volk". In jungen Jahren unternahm er eine längere Reise nach Europa, die ihn neben Spanien auch in das napoleonische Frankreich führte. Dort reifte in ihm die Überzeugung, dass die Monarchie nicht die geeignete Regierungsform sei. In einer der Schlüsselszenen der Bolívar-Mythologie schwor dieser 1805 auf dem Monte Sacro in Rom einen Eid, der weitreichende Folgen haben sollte: „Ich schwöre beim Gott meiner Väter, ich schwöre bei ihnen: Ich schwöre bei meiner Ehre, bei meiner Heimat, dass ich meinen Arm, dass ich meine Seele nicht ruhen lasse bis ich die Ketten zerrissen habe, mit denen uns die spanische Macht unterdrückt." Nach seiner Rückkehr nach Venezuela erklärte er: „Lasst uns ohne Furcht den Grundstein für die amerikanische Freiheit legen. Jedes Zögern bedeutet Untergang."[83]

Der 19. April 1810 läutete den Beginn der venezolanischen Revolution gegen Spanien ein. An diesem Tag nämlich wurde der *Capitán General*, also der Statthalter des spanischen Königs, vom

---

[82] Sein vollständiger Name lautete *Simón José Antonio de la Santísima Trinidad Bolívar y Ponte Palacios y Blanco*. Für mich gibt es keine klangvolleren Namen als spanische.
[83] Fuentes, Spiegel, S. 247.

Cabildo von Caracas abgesetzt und die erste Regierung - *Junta*[84] – von den Aufständischen gebildet. Die Erklärung der Unabhängigkeit von Spanien - die Ausrufung der Ersten Republik – erfolgte allerdings erst mehr als ein Jahr später, nämlich am 5. Juli 1811. Die spanische Krone reagierte heftig darauf und es begann die militärische Auseinandersetzung zwischen den Royalisten und den Aufständischen. Die spanischen Truppen konnten die Sklaven überzeugen, gegen die Aufständischen zu kämpfen (die ihnen keinerlei Angebot machten) und daher war der Widerstand der Spanier so stark, dass es letztlich bis 1823 dauerte, bis die Unabhängigkeit erkämpft war. Die Sklavenfrage zeigt klar, dass die Elite an einer *sozialen* Revolution keineswegs interessiert war, es handelte sich vielmehr um eine *bürgerliche* Revolution mit dem Ziel, die ungeliebten Spanier loszuwerden, ansonsten aber wenig an den herrschenden Verhältnissen zu ändern.

Die Royalisten konnten sich zunächst durchsetzen und die Erste Republik hatte nur bis zum 26. Juli 1812 Bestand. In den folgenden Wirren musste Bolívar nach Cartagena de las Indias im heutigen Kolumbien (damals Neu Granada genannt) fliehen und er wurde im dortigen Exil einer der wesentlichen militärischen Anführer der Aufständischen. In Cartagena verfasste er im

---

[84] Im Spanischen hat *Junta* nicht den negativen Beigeschmack, den es im Deutschen durch die häufige Verbindung mit einer *Militärjunta* hat.

Dezember 1812 das *Manifest von Cartagena*, in welchem er Neu Granada und Venezuela dazu aufrief, sich gegen die Spanier zu vereinen – sonst würden die Kreolen nie gegen das Mutterland gewinnen. Hier findet sich der erste Ansatz der nie verwirklichten Idee der Vereinigung der spanischen Kolonien Lateinamerikas in einen Gesamtstaat.

Die Unabhängigkeitsbewegung wurde nach dieser ersten Niederlage von Bolívar wiedererweckt, als er nach einigen erfolgreichen Schlachten gegen die Spanier im Westen Venezuelas am 6. August 1813 in Caracas einmarschierte und die Zweite Republik ausrief. Er wurde zum *Capitán General* ernannt und erhielt den Titel *Libertador* – der Befreier. Als solcher wird er bis heute angesehen und verehrt. Zeuske charakterisiert die jahrelangen internen und externen Kämpfe, deren Schilderung im Detail hier zu weit führen würde, wie folgt: „Mit Beginn der Kampfhandlungen 1811 wurden Gewaltspiralen in Gang gesetzt, die im Grunde das Land bis 1908 zerrissen. … Das hat bis heute tiefe Auswirkungen auf politische Kultur und Mentalität der Venezolanerinnen und Venezolaner; es existiert so etwas wie eine *historische Gewöhnung an Gewalt*, die … eine wichtige Rolle spielt und sich irgendwo immer darum dreht, dass die Masse der Pardos, Mestizen, Schwarzen und Indios des ‚Volkes' sich gegen die ‚Weißen' zusammenschließen könnten, unter welcher institutioneller Form auch immer (zum Beispiel als Milizen oder in der Armee), *um die Elite zu massakrieren.*"[85]

Im Jahr darauf hatten sich die spanischen Kräfte jedoch wieder gesammelt und begannen, unterstützt durch einen Aufstand von Sklaven und der armen Unterschicht, eine erfolgreiche Kampagne gegen die Aufständischen. Die Zweite Republik konnte sich nicht ausreichend zur Wehr setzen und wurde am 11. Dezember 1814 nach einem Sieg der Spanier bei Maturín von diesen für erloschen erklärt. Wichtig ist festzuhalten, dass die Unabhängigkeitsbewegung den Sklaven und den Armen zunächst kein Angebot gemacht hatte und die Sklaven sich daher den Royalisten anschlossen, da sie unter dem neuen Regime sogar eine Schlechterstellung befürchteten. Bolívar musste nach dem Ende der Zweiten Republik sogar vom Festland nach Jamaika fliehen. Dort verfasste er den „Brief aus Jamaika" (*Carta de Jamaica*, 6. September 1815), in welchem Bolívar neuerlich für eine Einheit aller Kolonien unter zentraler Führung gegen die Spanier plädierte. Für Chávez ist diese *Carta* ein fundamental wichtiger Schritt in der ideologischen Entwicklung der Einheit Lateinamerikas: „Wenn also der Befreier 1805 [am Monte Sacro] geboren wurde, können wir sagen, dass das bolivarianische Projekt der [lateinamerikanischen] Integration 1815 in Jamaika

---

[85] Zeuske, Von Bolívar zu Chávez, S. 143, Hervorhebungen von mir.

geboren wurde. Es war dort, wo die auf die Einheit gerichtete geopolitische Vision an die Oberfläche kam und sein Projekt – kontinental, anti-imperialistisch, republikanisch, gleichmachend und befreiend, für das er in den kommenden Jahren kämpfte, Kraft gewann."[86] Man beachte das Fehlen von „demokratisch" in der Reihe der Adjektive. Gleichmacherei bedeutet nicht Demokratie sondern vielmehr den Anspruch des Staates, seine Sicht der Dinge gegenüber den „Bürgern" durchzusetzen. Es ging nach den Vorstellungen von Bolívar auch nicht um eine Art Föderation der Kolonien, sondern um einen starken Zentralstaat – natürlich unter seiner Führung.

Aus unserer Sicht vielleicht noch entscheidender ist die Wandlung, die Bolívar nach einer weiteren Flucht, und zwar 1816 nach Haiti, machte. Dort hatte die erfolgreiche Sklavenrevolte zur Gründung des Staates Haiti unter der Führung von ehemaligen Sklaven geführt. Die republikanische Regierung Haitis unterstütze die republikanischen Unabhängigkeitsbewegungen in Lateinamerika und war daher ein geeigneter Zufluchtsort für Bolívar, um von dort aus eine neuerliche militärische Operation nach Venezuela zu unternehmen. Haitis Präsident Alexandre Sabès, genannt Pétion (1770-1818), ein Mulatte, sicherte Bolívar Waffen, Schiffe, Verpflegung und Geld zu, damit die

---

[86] Chávez in Brown, S. 9.

Aufständischen den Kampf gegen die Spanier fortsetzen konnten. Und zwar gegen das *Versprechen, dass Bolívar in den von ihm befreiten Gebieten die Sklaverei abschaffe.* Es dauerte also mehr als ein Jahrzehnt (wenn man den Schwur von Rom als Ausgangspunkt nimmt), bis es Bolívar klar wurde, dass die Unabhängigkeit von Spanien nicht machbar war ohne die Unterstützung des „venezolanischen Volkes: die Armen, die Bauern, die Sklaven und die Schwarzen."[87] Man kann davon ausgehen, dass er diesen Schritt auch nur widerwillig und unter dem Druck der Umstände setzte. Ein sozialer Revolutionär sieht anders aus. Immerhin hielt er sich an sein Versprechen und unterzeichnete am 2. Juni 1816, noch in Haiti, ein entsprechendes Dekret. Der Widerstand gegen dieses Dekret unter den Kreolen war allerdings so groß, dass die endgültige Befreiung aller Sklaven noch Jahrzehnte auf sich warten ließ. Die Unabhängigkeit von den Spaniern wäre ohne die Einbeziehung der benachteiligten Bevölkerungsgruppen kaum möglich gewesen. Erst in dieser letzten Phase des Kampfes gegen die Spanier wurde von den Kreolen widerwillig eingeräumt, dass man zumindest einige Zugeständnisse an die Mehrheit der Bevölkerung machen musste. Die folgenden zwei Jahrhunderte der Geschichte Lateinamerikas zeigen aber zur Genüge, dass dies zumeist nur ein Lippenbekenntnis blieb und nur wenige Reformer die Interessen der Benachteiligten zum Zentrum der Politik

---

[87] Chávez in Brown, S. 10f.

machten. In Venezuela brach erst Chávez diese Barriere auf, indem er die (verarmten) Massen in sein politisches Projekt einbezog. Nur so konnte er die beharrenden Kräfte der Eliten überwinden. In diesem Sinne bediente sich Chávez demokratischer Mittel.

Im Juli 1816 setzte Bolívar wieder auf das Festland über, nach Guyana, und setzte die militärische Kampagne gegen die Spanier fort. Unter großen Schwierigkeiten zog er nach Westen, musste sogar neuerlich kurz ins Exil nach Haiti, konnte aber Ende 1817 die Stadt Angostura befreien. Dort fand im Februar der Kongress von Angostura statt, um die Frage der künftigen politischen Ordnung des Kontinentes zu erörtern. Bolívar war nämlich nicht der einzige, der den Kampf gegen die Spanier führte. Parallel zum Kampf im Norden des Kontinentes war im südlichen Südamerika José de San Martín (1778-1850) mit demselben Ziel aufgetreten. Er hatte jedoch einen anderen Zugang zur Frage der politischen Ordnung als Bolívar: San Martín war nämlich dagegen, dass das Militär regieren sollte. Er wünschte sich starke Institutionen, nicht starke Männer und warnte vor der Übernahme der Macht durch einen „soldatischen Glücksritter".[88] Bolívar „rang gewaltig mit der Frage, wie wir uns als unabhängige Staaten regieren sollten. … Auf dem venezolanischen Kongress in Angostura, der die Verfassung

---

[88] Fuentes, Spiegel, S. 253.

1819 entwarf, versuchte er die Extreme zu vermeiden, die dann schließlich doch das Schicksal Spanisch-Amerikas im ganzen 19. und bis ins 20. Jahrhundert hinein prägen sollten. Tyrannei oder Anarchie?"[89] Er war der Ansicht, dass das Volk keinerlei politische Erfahrung habe und daher nicht sofort für eine Demokratie reif sei. Er schlug daher in Angostura eine *„sachkundige Despotie"* vor, wobei er auch im Auge hatte, dass diese Despotie für Gleichheit vor allem den Rassen gegenüber zu sorgen hätte.[90] Gleichzeitig ließ er aber keine Wiederbelebung der Selbstverwaltung der *Cabildos* zu, die eine Alternative gewesen wäre, der Fokus richtete sich auf einen (theoretisch zumindest) starken *Zentralstaat*. Und schon gar nicht eingeladen zu diesem Projekt war die Mehrheit der Bevölkerung, nämlich die Indigenen, die Afroamerikaner und die Mulatten, ebenso wenig die kreolischen Landbesitzer, die die Unabhängigkeit nicht unterstützt hatten, aus Furcht, ihre Ländereien an die *Pardos* zu verlieren.

Mit welchem politischen Programm war Bolívar nach Angostura gekommen? Er hielt nichts von Föderalismus, welcher beim Ersten Kongress beschlossen worden war. Dieser Erste Kongress war von März 1811 bis April 1812 in Caracas abgehalten worden,

---

[89] Fuentes, Spiegel, S. 254. Ich würde diese Behauptung von Fuentes aus dem Jahr 1992 jedenfalls auch für das 21. Jahrhundert gelten lassen. Angostura (der volle Name lautet klingend Santo Tomás de Guayana de Angostura del Orinoco) heißt seit 1846 – treffend – Ciudad Bolívar.
[90] Ibidem.

um festzulegen, in welcher Form Venezuela während der Gefangenschaft des spanischen Königs regiert werden sollte. Am 5. Juli 1811 wurde wie erwähnt die völlige Unabhängigkeit von der spanischen (in der Hand von Napoleons Bruder Joseph befindlichen) Krone erklärt und der Name „Amerikanische Föderation von Venezuela" gewählt[91] und im Dezember 1811 eine föderale und republikanische Verfassung verabschiedet.[92] Bolívar meinte über diesen Kongress: „Der erste Kongress ließ sich bei seiner Bundesverfassung mehr vom Geiste der Provinzen leiten, als von dem festen Vorsatz, eine unteilbare und zentralistische Republik zu gründen. Hier gaben unsere Gesetzgeber dem unbesonnenen Eifer jener Verfechter Provinzen nach, die von dem trügerischen Glanz des Glücks des amerikanischen[93] Volkes verführt waren und glaubten, dass die Segnungen, derer dieses sich erfreut, ausschließlich der Form der Regierung zu verdanken seien und nicht dem Charakter und den Gebräuchen der Bürger. Und in der Tat war das Beispiel der Vereinigten Staaten mit ihrem wunderbaren Wohlstand zu verführerisch, um ihm nicht zu folgen. … Aber so verlockend dieses großartige föderative System auch erscheinen oder tatsächlich sein mag, es war den Venezolanern nicht vergönnt, es

---

[91] Später in „Staaten von Venezuela" umbenannt.
[92] Der 5. Juli ist bis zum heutigen Tage der Unabhängigkeitstag.
[93] Gemeint ist das nordamerikanische Volk mit seiner föderativen Verfassung.

von heute auf morgen zu erringen, nachdem sie sich von den Ketten befreit hatten. Wir waren auf so viel Gutes nicht vorbereitet. Das Gute wie das Böse tötet, wenn es plötzlich und maßlos hereinbricht. Unsere sittliche Verfassung hatte noch nicht die notwendige Festigkeit, um die Wohltat einer vollständig repräsentativen Regierung zu empfangen, die so erhaben war, dass sie für eine Republik von Heiligen hätte bestimmt sein können … Eine republikanische Regierung war, ist und muss die von Venezuela sein. Ihre Grundlagen müssen die Souveränität des Volkes, die Teilung der Gewalten, die *bürgerliche* Freiheit, die Ächtung der Sklaverei, die Abschaffung der Monarchie und der Privilegien sein. Wir brauchen die Gleichheit, um die Gattung Mensch, *die politischen Meinungen* und die öffentlichen Sitten sozusagen in ein Ganzes umzuschmieden. … Ein *erblicher* Senat … soll das Fundament der Legislative und demzufolge die *Grundlage jeglicher Regierung* sein. Er soll gleichermaßen ein *Gegengewicht zur Regierung und zum Volk* sein. Er soll eine Vermittlergewalt sein, welche die Schlüsse, die diese ewigen Rivalen aufeinander abgeben, wirkungslos macht. Weil eben *keine andere Regierungsform so schwach ist wie die Demokratie,* muss ihre Struktur von größerer Festigkeit sein und müssen ihre Institutionen auf Stabilität hin geprüft werden. … Wir müssen mit einer *widerspenstigen, aufrührerischen und anarchischen Gesellschaft* rechnen und nicht mir einer, in der *Glück, Friede und Gerechtigkeit* herrschen. Geben wir die föderativen Formen auf, die für uns nicht geeignet sind, geben wir das Triumvirat der Exekutive auf, und indem wir diese *auf einen einzigen Präsidenten konzentrieren*, vertrauen wir ihm die ausreichende Autorität an, damit es ihm gelingt, sich im Kampf gegen die Unbilden unserer jüngsten Situation, des Kriegszustandes, den wir erleiden, und der Art der äußeren und inneren Feinde, gegen die wir noch lange kämpfen werden müssen, zu behaupten. *Entäußere sich die Legislative der Befugnisse, die der Exekutive zukommen*, und erwerbe sie dennoch neue Festigkeit, neuen Einfluss auf das wahre Gleichgewicht. ... sah ich mich dazu getrieben, Euch zu bitten, den Zentralismus und die Vereinigung aller venezolanischen Staaten in einer einzigen und unteilbaren Republik anzunehmen."[94]

Immerhin wurde auf dem Kongress von Angostura ein Dekret erlassen, mit dem die Sklaven befreit wurden (und damit das Dekret Bolívars von 1816 bestätigte), der Großgrundbesitz hingegen wurde nicht angetastet. Letzteres überrascht wenig, waren es vor allem die Großgrundbesitzer, die in Angostura vertreten waren. Auch dies kein wirkliches Vorbild für eine sozialistische Agrarwirtschaft, wie sie von Chávez propagiert wurde. „Freie" Wirtschaft bedeutete in damaligen Kontext „Freihandel" und Kontrolle des Handels durch die Kreolen, ohne

---

[94] Rede Bolívars bei der Eröffnung des Kongresses vom 15. Februar 1819. Zitiert in Rinke et al., Geschichte Lateinamerikas, S. 26-29. Hervorhebungen von mir.

Einmischung des Mutterlandes. An eine Agrarreform wurde in keinem Augenblick gedacht.

Nach dem Kongress von Angostura setzte Bolívar seine militärische Kampagne gegen die Spanier fort, und zwar zunächst im Gebiet des heutigen Kolumbien. Dort errang er am 7. August 1819 in der Schlacht von Boyacá einen wichtigen Sieg und zog als Befreier in Bogotá ein. Auf dem Kongress von Cúcuta (August bis Oktober 1821) wurde *Gran Colombia* (Groß-Kolumbien) gegründet – bestehend aus den Departements Bogotá (Kolumbien), Caracas (Venezuela) und Quito (Ecuador) – und Bolívar zum Präsidenten ernannt. In er Folge verloren die Spanier immer mehr an Terrain. Am 24. Juni 1821 siegte Bolívar in der Schlacht von Carabobo (westlich von Caracas) gegen die Spanier (nachdem er intensive Kampagnen in Kolumbien geführt hatte), welche daraufhin fast vollständig aus Venezuela abzogen. Die letzten Reste der spanischen Armee auf venezolanischem Boden wurden 1813 im Maracaibo-See besiegt, womit die Unabhängigkeit Venezuelas besiegelt wurde. Der endgültige Sieg gegen Spanien in Südamerika erfolgte am 9. Dezember 1824 durch General José Antonio Sucre (1795-1830, später Präsident von Bolivien und Peru) in der Schlacht von Ayacucho im heutigen Peru. Lediglich Kuba und Puerto Rico verblieben unter der spanischen Krone.

Zuvor war es aber 1822 noch zu einem Zusammentreffen zwischen Bolívar und San Martín in Guayaquil im heutigen Ecuador gekommen. Dieses Treffen gilt als eines der geheimnisvollsten der lateinamerikanischen Geschichte. Fast nichts ist von der Unterredung der beiden Männer bekannt, nur das eher überraschende Ergebnis: San Martín zog sich völlig zurück, nicht nur von seinen Ämtern und der militärischen Kommandogewalt, er ging darüber hinaus auch noch wenig später, nämlich 1824, ins französische Exil. Man kann vermuten, dass San Martín erkannte, dass der Kontinent nicht für eine zivile Herrschaft geeignet war und vermied den Konflikt mit Bolívar, der auf die Herrschaft eines *Caudillo* setzte. Auch diese Entscheidung sollte fatale Folgen für das Selbstverständnis aller kommenden Potentaten haben: die *militärische* Option war in Lateinamerika in Krisenzeiten seither immer stärker als die *zivile*.

Bolívar, der gegen die Spanier erfolgreich gewesen war, kam durch den Widerstand, der ihm in seiner Herrschaft als Präsident Groß-Kolumbiens aus den eigenen Reihen entgegenschlug, zu Fall. Dabei spielte wie erwähnt die Sklavenfrage eine wichtige Rolle. Er versuchte seine Stellung zu retten, indem er sich 1828 zum Diktator von Groß-Kolumbien ernannte[95], er scheiterte jedoch auch damit, entkam auch nur knapp einem Attentat, das von

---

[95] Zu dem auch Venezuela gehörte.

einem seiner bisherigen Mitstreiter, Francisco de Paula Santander (1792-1840), geplant wurde. „Am Beginn der eigentlichen nationalstaatlichen Entwicklung von Venezuela stand, engstens verbunden mit einem Verrat der Eliten an Bolívar, ein Putsch gegen den Staat Groß-Kolumbien und seine rechtmäßige Regierung."[96] Vereinsamt und verbittert starb Bolívar am 17. Dezember 1830 mit nur 47 Jahren, nachdem er mehr als zwanzig Jahre unermüdlich für die Unabhängigkeit und dann die Einheit Lateinamerikas gekämpft hatte.[97] Für seine Grabinschrift hielt er fest: „Amerika ist unregierbar. Jene, die der Revolution dienen, pflügen die Meere."[98] Bolívar scheiterte letztlich an den Eliten, den Oligarchen. Chávez wiederum interpretierte das Scheitern von Bolívar als „Verrat" eben dieser „Oligarchen" an dessen Ideen und interpretierte jeglichen Widerstand gegen seine eigene Politik als Reaktion der Oligarchen – und warf ihnen damit gleichzeitig vor, Landesverräter zu sein. Verrat ist eine ständig wiederkehrende Folie im politischen Diskurs Venezuelas und diese Waffe wurde von Chávez auch ständig gegen die Opposition eingesetzt. Wer gegen Chávez war, war gleichzeitig ein Landesverräter.

---

[96] Zeuske, Von Bolívar zu Chávez, S. 196.
[97] Kurz zuvor, im November, zerbrach auch Groß-Kolumbien.
[98] Fuentes, Spiegel, S. 257.

Nach der Erlangung der Unabhängigkeit 1823 waren die Kreolen mit schwierigen inneren und äußeren Umständen konfrontiert. So entstanden im Zuge der Unabhängigkeitskriege von Spanien letztlich schwache Staaten: „Das Pendeln zwischen Caudillismus und Verfassungsstaat prägte die Anfangsjahre der unabhängigen Republiken" und „die Konflikte, die sich zwischen Konservativen und Liberalen vielerorts auftaten, blieben ebenso ungelöst wie die sozialen Probleme, die sich angesichts breiter marginalisierter und ethnisch heterogener Bevölkerungsteile ergaben."[99] Dies hatte auch als permanente Bürde zur Folge, „dass die unabhängigen Staaten kaum und wenn, dann nur halbherzig von der Ausgrenzung und Unterdrückung der indigenen, mestizischen und afroamerikanischen Bevölkerung abrückten."[100]

Die Folgen der Unabhängigkeitskriege und inneren Widersprüchlichkeiten der Gesellschaften bewertet Fuentes skeptisch: „Aber zwischen dem Verschwinden der Monarchie und der Schwäche der bürgerlichen Gesellschaft, zwischen der Fassade der legalen und dem Kern der wirklichen Nation klaffte ein Vakuum, das auf die Weise ausgefüllt werden sollte, die San Martín am meisten befürchtet hatte: durch den soldatischen Glücksritter, den starken Mann, den Tyrannen."[101] Interessant ist,

---

[99] Fuentes, Spiegel, S. 1.
[100] Ibidem.
[101] Fuentes, Spiegel, S. 258f.

welchen Modus man ab ca. 1820 in Venezuela fand, um Führungspositionen bis hin zum Präsidenten zu besetzen: es wurde nämlich derjenige militärische Anführer für eine Führungsposition gewählt, der die schlagkräftigste Armee zusammenstellen konnte und gleichzeitig die Interessen der Elite befriedigen konnte. „Diese eher krude erscheinende ‚Wahl' gibt einen Schlüssel für die politische Geschichte Venezuelas von 1821 bis 1908 und für die Traditionen der politischen Kultur bis heute."[102] Gleichzeitig etablierten sich die Militärs als eine der tragenden Säulen des Staates und der Gesellschaft – diese hatten ja vornehmlich die Freiheit von Spanien erkämpft. Daran hat sich bis heute nichts geändert.

Und mit der Souveränität des „Volkes" war es auch nicht weit her. Beim Allgemeinen Kongress, der im Mai 1821 in der Interims-Hauptstadt Cúcuta[103] eröffnet wurde, wurde im Oktober 1821 eine Verfassung verabschiedet, welche ebenfalls einen zentralistischen und repräsentativen Charakter trug. Die Souveränität lag bei der *Nation*, die von Staatsbürgern gebildet wurde. Beim *Volk* hingegen lag die Souveränität nicht, vielmehr bei den schon erwähnten *Cabildos*, in denen wiederum die Eliten

---

[102] Zeuske, Von Bolívar zu Chávez, S. 176.
[103] Auf die Schaffung und anschließende Zersplitterung der Republik Groß-Kolumbien, die auch Venezuela umfasste und eine Zeit lang das beherrschende politische Gebilde der ersten Phase der Unabhängigkeit war, gehe ich nicht ein, da dies für unsere Zwecke keinen Belang hat.

vertreten waren. Hervorzuheben ist, wie eng Bolívar selbst den Begriff des Bürgers definierte: „Der, der nicht schreiben kann, keine Steuern zahlt noch ein anerkanntes Gewerbe betreibt, ist kein Bürger."[104] Das klingt eher nach dem Ausschluss von 90% der Bewohner als einem inklusiven System, das allen die gleichen Rechte gewährt. Ganz klar also erkennbar ist der Versuch der *Wahrung der Interessen der Eliten* zum Schaden der großen Masse der Bevölkerung. Sozialismus? Wohl kaum. Noch fataler aber die *de facto* Wiedereinführung der Sklaverei, da ohne diese billige Arbeitskraft das etablierte Wirtschaftssystem nicht funktionieren konnte. Da alleinig die Eliten in den *Cabildos* und im Kongress vertreten waren, war es ein leichtes, diese reaktionären Maßnahmen durchzuführen. Auf diese Weise kam es nicht dazu, dass den Massen eigenständige politische und wirtschaftliche Rechte gegeben wurden. Die Unabhängigkeit vom Mutterland führte also nicht wie in Haiti zu einer radikalen Verformung der bestehenden sozialen Gegebenheiten, sondern letztlich zur Beibehaltung des *status quo*. Großgrundbesitz und politische Bevormundung blieben vorherrschend und daran sollte sich im Grunde bis in die jüngste Gegenwart nicht viel ändern – eine der Wurzeln des Erfolges der chavistischen Bewegung. Paradoxerweise liegt also eine der Errungenschaften von Chávez, nämlich die erstmalige Einbeziehung der breiten

---

[104] Zeuske, S. 179.

Bevölkerungsmassen in den politischen Prozess und die Kollektivierung der landwirtschaftlichen Flächen, in einem *eklatanten Widerspruch* zu den Errungenschaften des Namensgebers der bolivarianischen Revolution. Zynischerweise könnte man Bolívar sogar vorwerfen, er hätte die Dekrete zur Sklavenbefreiung nur deshalb erlassen, weil er in den Zeiten seiner größten Nöte zweifach zum Exil in Haiti gezwungen war und von dort – wohlgemerkt, dem Haiti, in dem nun die ehemaligen Sklaven das Sagen hatten – Hilfe für die Fortführung seines Kampfes gegen Spanien erhalten hatte. Sobald er gefestigt war und die Hilfe aus Haiti nicht mehr notwendig war, setzte er sich gegen die Wiedereinführung der Sklaverei nicht zur Wehr. Erst 1854 wurde diese endgültig abgeschafft.

Die Unabhängigkeitskriege wurden von den Kreolen zwar im Namen der Nation und der Freiheit geführt. Es ging dabei aber nur um die Wahrung der eigenen wirtschaftlichen Interessen, die sich mit denen des Volkes in keiner Weise deckten. Angesichts der Revolutionen in Frankreich und Haiti erkannte die zahlenmäßig geringe Schicht der Kreolen, dass der militärische Kampf gegen die Spanier nur dann erfolgreich sein würde, wenn auch die breite Masse der Bevölkerung motiviert werden konnte, daran teilzunehmen. Dies war nur durch das Versprechen möglich, den Kampf gegen die Spanier im Namen der „Nation" zu führen. Während die Kreolen sich weiterhin als die einzigen Vertreter dieser Nation hielten, mussten dennoch einige Zugeständnisse gemacht werden, so eben das Versprechen, die Sklaven zu befreien. Letztlich aber führten die Unabhängigkeitskriege in Lateinamerika nicht zu einer sozialen Revolution – dies war nur in Haiti gelungen. Der Rest des Kontinentes konnte sich zwar zum Großteil von Spanien lösen, eine Besserstellung der Massen wurde aber nicht verwirklicht. Dieses Defizit wirkt im Grunde bis heute nach. Wenn sich Chávez auf Bolívar als Vorbild berief, so meinte er damit in Wirklichkeit nur, dass er eine Elite gegen eine andere austauschen wollte. Auch Chávez verstand sich als alleiniger Vertreter der Nation.

Nie war von den Gründungsvätern wirklich daran gedacht, das Volk in den nunmehr unabhängigen Staaten an der politischen Entscheidungsfindung teilnehmen zu lassen. Der *Chavismo* kann sich also nur mit Unrecht darauf berufen. Des Weiteren haben wir gesehen, dass Bolívar vom Anti-Monarchisten zum Diktator mutierte und somit für alle kommenden Regierungen ein nachahmenswertes Beispiel darstellte.

Bolívar träumte aber nicht nur von der Unabhängigkeit von Spanien, sondern auch von der *Einheit der Kolonien*. Nach der Erlangung der Unabhängigkeit kehrte aber keineswegs Stabilität ein, im Gegenteil, es folgten in ganz Südamerika nach dem Ende der Kolonialherrschaft lange Jahrzehnte der Bürgerkriege, Aufstände und Revolten. Dies war die fast logische Konsequenz des Wegfalls des äußeren Feindes – dies hatte nicht nur Auswirkungen auf den sozialen Zusammenhalt der Gesellschaften, sondern auch auf den Zusammenhalt der verschiedenen politischen Entitäten, die sich schon während der Kolonialzeit herausgebildet hatten. So gab es unterschiedliche wirtschaftliche Interessen von Küstenregionen und Regionen im Landesinneren, was u.a. zum Zerfall Groß-Kolumbiens 1830/31 beitrug. Des Weiteren kam es unter den neu entstandenen Republiken zu zahlreichen Grenzstreitigkeiten (die teilweise auch heute noch aktuell sind wie z.B. zwischen Chile und Bolivien).[105]

Nach der Befreiung von den Spaniern berief Bolívar laut Chávez „alle Befreiungskämpfer der Epoche - Bernardo O'Higgins, José de San Martín, José Abreu, José Artigas"[106] zu einem Kongress nach Panama, um die Vereinigung der mittlerweile entstandenen Republiken zu betreiben. Interessant ist, dass bei dieser Aufzählung Chávez ein wenig schwindelt: José de San Martín war

---

[105] Rinke et al., Geschichte Lateinamerikas, S. 39.
[106] Chávez in Brown, S. 14.

ja wie oben dargelegt, schon 1824 ins Exil nach Frankreich gegangen und nahm daher nicht am Kongress teil. Aus Sicht von Chávez war es aber notwendig, dass auch der Befreiungskämpfer des südlichen Teils Südamerikas sich dem Ruf nach Einheit nicht verschlossen haben durfte. Chávez impliziert damit fälschlicherweise, dass alle Befreiungskämpfer ein geeintes Lateinamerika angestrebt hätten und somit auch die zeitgenössischen Politiker diesem Beispiel folgen hätten sollen.

Erfolg war der Kongress allerdings keiner: das Ziel der Einheit Lateinamerikas[107] konnte auf dem Kongress nicht verwirklicht werden und dementsprechend sieht heute die Landkarte aus. Da sich Chávez aber immer auf die Bemühungen Bolívars berufen hatte, die Einheit zu verwirklichen, werfen wir einen kurzen Blick auf die Absichten, die Bolívar in Panama verfolgte. In der Chávez-Interpretation Bolívars nahm dieser Aspekt nämlich eine herausragende Bedeutung ein. Bolívar verfolgte die Schaffung einer transnationalen „hispano-amerikanischen Konföderation", um die territoriale Integrität der erst entstandenen Staaten zu gewährleisten; daher wurde auch Großbritannien als Schutzmacht eingeladen (nahm als Beobachter am Kongress teil). Der südliche Teil des Kontinentes - das heutige Argentinien, Chile, Brasilien -

---

[107] Damals noch als Hispanoamerika bezeichnet. Der Begriff Lateinamerika setzte sich erst ab 1836 durch und war im Übrigen eine französische Wortprägung, s. unten.

war gar nicht vertreten, da man offenbar mit dem Projekt bzw. der Bevormundung aus dem Norden wenig anfangen konnte. Interessant sind die Auseinandersetzungen zwischen Bolívar und Santander wer zum Kongress eingeladen werden sollte. Ersterer wollte Argentinien und die USA nicht einladen, Santander hingegen trat dafür ein. Schließlich wurden die USA zwar eingeladen, deren innere Spannungen zwischen Sklavenhalterstaaten und dem Norden verzögerten aber die Abreise der Vertreter derart lange, dass diese erst eintrafen, als der Kongress bereits zu Ende war. Schon früh also zeigte sich in der Geschichte die Ambivalenz der Beziehungen zwischen den USA und ihren Nachbarn im Süden. Vermutlich wäre aber auch bei einer Beteiligung der US-Vertreter das Ergebnis des Kongresses letztlich nicht viel anders gewesen. Dennoch war zu diesem Zeitpunkt die Monroe-Doktrin in Lateinamerika nicht so unpopulär wie in der Folge: diente sie doch zunächst als Warnschuss an die Spanier, nicht die Wiedereroberung verlorenen Kolonien zu versuchen.

Bolívar beabsichtigte also die Schaffung einer Konföderation, mit einem gemeinsamen Heer und einem gemeinsamen Zoll sowie die Abschaffung der Sklaverei. Das Motto *ius potentiae equilibrium* sollte die Vorherrschaft eines einzelnen Staates verhindern. Nur Kolumbien ratifizierte den ambitionierten Vertrag, der damit totes Papier blieb und somit wurde keines der Ziele von Bolívar verwirklicht. Auch die USA zeigten in der Folge keinerlei Interesse an einem größeren politischen Zusammenschluss auf dem Kontinent – bzw. wenn, dann nur unter der eigenen Führerschaft, was bis heute eine Quelle des Konfliktes ist. Washington hatte lediglich Interesse am Abschluss von Handelsverträgen – was ebenfalls bis heute ein Hauptpfeiler der US-Außenpolitik ist.

Auch die Versuche von Chávez, die Einheit zu verwirklichen sind über die Schaffung einer Reihe von schwachen Regionalorganisationen wie UNASUR[108], die aber nie eine supranationale Ebene erreichten, letztlich nicht hinausgekommen. Für Chávez wurde mit dem Scheitern des Kongresses von Panama eine historische Chance vertan. 1823 nämlich war die Monroe-Doktrin (*Amerika den Amerikanern*) formuliert worden und damit habe der Aufstieg der USA gegenüber Lateinamerika begonnen: „Aufgrund dieser Doktrin verwandelte sich Lateinamerika in den Hinterhof der USA, und zwar bis auf den heutigen Tag. Oftmals frage ich mich, wo Lateinamerika heute stünde, wie unterschiedlich seine soziale, wirtschaftliche und politische Realität wäre, wenn die imperialistische Macht der USA nicht auf den progressiven Regierungen dieser Länder herumgetrampelt hätte."[109] Natürlich wurde dies auch von Bolívar vorhergesehen:

---

[108] *Unión de Naciones Suramericanas* – Union Südamerikanischer Nationen, gegründet 2008.
[109] Chávez in Brown, S. 14.

„Die USA sind von der Vorhersehung offenbar bestimmt, im Namen der Freiheit Amerika mit Armut zu verseuchen. Dort oben, im Norden dieses Kontinentes, gibt es eine sehr große, feindliche und zu allem fähige Nation."[110] Dennoch sei der Anti-Imperialismus nur eine Facette des Denkens von Bolívar gewesen. „Er wollte die Gleichheit, die Freiheit, die Union der [lateinamerikanischen] Republiken, um eine multipolare Welt zu verwirklichen, Ideen, die heutzutage ein großes Echo hervorrufen. Gerade sein Aufruf zur lateinamerikanischen Einheit sollte als Leuchtturm dienen. Es gibt auf dem Kontinent kein einziges Land, das stark genug wäre, um alleine große Schritte vorwärts zu machen und nur mit seinen eigenen Mitteln einen größeren Grad der Unabhängigkeit erreichen könnte. In der Tat, vielleicht gilt dies heute noch mehr als vor zweihundert Jahren."[111]

Wie entwickelte sich die Kultur Lateinamerikas nach der Erlangung der Unabhängigkeit? Welche Entwicklungen haben heute noch Bedeutung, vor allem mit Blick auf Venezuela und die von Chávez betriebene Politik? Auch hier sieht Fuentes klar: „Kulturell kehrte das unabhängige spanische Amerika seinem indianischen und seinem schwarzen Erbe den Rücken, da es das eine wie das andere für barbarisch erachtete, und seine spanischen Wurzeln beurteilte es höchst zwiespältig. Viele Spanisch-

---

[110] Chávez in Brown, S. 14.
[111] Ibidem, S. 14f.

Amerikaner gaben Spanien die Schuld an allen unseren Nöten."[112] Gleichzeitig kristallisierte sich eine starke Abneigung gegen die USA heraus, da die konservativen kreolischen Eliten den Werten wie Demokratie, Kapitalismus, protestantische Ethik, religiöse Toleranz und Informationsfreiheit wenig abgewinnen konnten und sie fürchteten den Expansionismus der USA.[113] All diese Werte hätten ja eine Infragestellung der Position der Eliten zur Folge gehabt.

Die Tendenz Bolívars zur absoluten Kontrolle mündete in dem Versuch, alle ehemaligen spanischen Kolonien unter seiner Führung zu einen. Chávez sollte diesen Zug von Bolívar erben, hierin berief er sich also zu Recht auf sein Vorbild.

---

[112] Fuentes, Spiegel, S. 279.
[113] Ibidem, S. 280.

Das Erstaunliche am tiefen Sturz Bolívars ist, dass es nur wenige Jahre dauerte, bis ein regelrechter Kult um seine Person einsetzte. Er war als „Verräter des Vaterlandes" gebrandmarkt worden, wurde ins Exil gehetzt und verstarb, wie erwähnt, völlig mittellos und einsam. „Bereits in den 1830er Jahren mutierte [in Venezuela] der prominente Leichnam [der sich noch in Kolumbien befand] allmählich zu einer Art Unterpfand nationaler Stabilität – an der es an allen Ecken und Enden fehlte. Nur ihm traute man zu, das wirtschaftlich, politisch und ethnisch zerrissene Land wenigstens ideell zu einigen."[114] Nach dem Unabhängigkeitskrieg war Venezuela verwüstet, die Wirtschaft lag darnieder und die sozialen Spannungen waren wie erwähnt in keiner Weise gelöst worden. Das Land drohte in Anarchie zu versinken, politisch, wirtschaftlich und sozial. Bolívar war ein Zentralist und Gegner der unteren Schichten gewesen und bildete mit seinem Anti-Hispanismus einen Kristallisationspunkt für ein neues Nationalbewusstsein. „Und da, wo seine Ideen schillernd ausfielen, versprachen geschickte Exegeten einen Bolívar für alle."[115]

So wurden 1842 die sterblichen Überreste des *Libertador* von Kolumbien überstellt, mit einem gewaltigen Pomp begleitet und

---

[114] Rehrmann, Simón Bolívar, S. 169.
[115] Ibidem, S. 171. Das Zitat bezieht sich wohlgemerkt auf die 1830er Jahre – gültig ist es aber auch für heute.

in Caracas vom Erzbischof empfangen. Der Wandel vom *Verräter zum Nationalheiligen der Eliten* hatte nur zwölf Jahre gedauert.[116] Mit dem Kult wollte man das Chaos der Nachkriegszeit übertünchen und die Massen ruhigstellen. Seine Attacken gegen die Spanier lieferten posthum auch eine Erklärung für die aktuellen dramatischen Zustände, man konnte nämlich alles Schlechte den Spaniern zuschieben.

Der venezolanische Historiker Germán Carrera Damas legte die Geschichte des Bolívar-Mythos dar und „förderte ein ideologisches Chamäleon"[117] zutage. Nach dem Ende des Unabhängigkeitskrieges herrschte unter den Eliten eine gehörige Furcht vor den Massen - der farbigen Bevölkerungsmehrheit - und deren nicht befriedigten sozialen Forderungen. Hier diente der Bolívar-Kult nach Damas dazu, „ein Scheitern zu bemänteln und die Enttäuschung hinauszuzögern."[118] Man unterstellte Bolívar, er habe für die Gleichheit *aller* gekämpft und somit müssten sich auch alle seinen Ideen und den Folgen seiner Taten unterwerfen, nämlich dem von ihm geschaffenen unabhängigen Staat. Alles, was Bolívar getan hatte, wurde in dem Licht „einer theologischen Konzeption der Geschichte"[119] interpretiert, einer Art *Heilsgeschichte* der Schöpfung der venezolanischen Nation also.

---

[116] Ibidem.
[117] Ibidem, S. 172.
[118] Ibidem, S. 172, mit Verweis auf Damas.
[119] Ibidem, S. 173.

Jedes Abweichen von diesen Vorgaben konnte somit leicht als Verrat interpretiert werden – so wie auch Jesus verraten wurde. Chávez stand dieser Interpretation sehr nahe und sah auch sein eigenes Wirken in diesem Sinne. Jedenfalls wurde Bolívar bald „heiliggesprochen" und bis zum heutigen Tage haben sich die jeweiligen Eliten (egal welcher politischen Ausrichtung) dieses großen, unantastbaren Vorbildes bedient, um über die eigene Unfähigkeit hinwegzutäuschen. Jede Kritik an der Führung ist Kritik an Bolívar und damit Kritik an der heiligen Nation.

Schon bald entwickelte sich parallel auch der Kult eines „Volks-Bolívars", da nämlich nach der Erlangung der Unabhängigkeit die Eliten ungehindert an der Latifundien- und Sklavenhalterwirtschaft festhielten.[120] Insbesondere die Viehzucht und Agrarwirtschaft betreibenden armen Bewohner der Ebenen - die *Llaneros* - griffen auf eine Vorstellung Bolívars zurück, die zwar nicht authentisch war, aber angesichts mangelnder anderer Alternativen erfunden wurde. Der Befreier konnte ja nicht nur die Befreiung vom spanischen Joch gemeint haben, sondern auch die wirtschaftliche und soziale Abhängigkeit der Massen, so die Denkweise der *Llaneros*. In der letzten Phase seines Kampfes war er, wie erwähnt, dazu gezwungen gewesen, auch Sklaven zu rekrutieren und ihnen die Freiheit zu versprechen. Dieser Bolívar

---

[120] Zeuske, Simón Bolívar, S. 11.

musste in dieser Vorstellungswelt dementsprechend auch *afrikanisches Blut* gehabt haben, um ein echter Vertreter dieser Massen zu sein. Dennoch erwies sich der *konservative* Bolívar-Mythos der Eliten insgesamt gesehen als stärker, was bewirkt hat, dass letztlich eine tiefgreifende soziale Veränderung verhindert wurde.[121] Hier spielt auch wieder die Betonung herein, welche Chávez auf seine eigene gemischte Herkunft legte. Chávez sah sich auch als ein „Bolívar des Volkes", da sich seine Politik nicht mit dem „Bolívar der Eliten" deckte.

Unter dem Diktator Antonio Guzmán Blanco[122] setzte die erste große Institutionalisierung des Bolívar-Kultes ein.[123] Dies war kein Zufall, war es doch Guzmán Blanco, dem es als erstem gelang, das Land weitgehend zu einigen, sprich die Vorherrschaft regionaler *Caudillo*s zu brechen. Auch dafür bedurfte es der Heranziehung von Bolívar, der für einen starken Zentralstaat eingetreten war und dafür als Folie dienen musste. Ab dieser Zeit erschien das Porträt von Bolívar auch auf den Münzen und Geldscheinen. 1876 wurden die Gebeine Bolívars in ein eigens in Caracas errichtetes Pantheon umgebettet. Das Pantheon hat bewusst einen kirchenartigen Charakter und stellt ohne Zweifel auch heute noch das Hauptheiligtum des Bolívar-Kultes und der Nation dar. Nicht

---

[121] Ibidem, S. 18.
[122] Präsident von 1870-77, 1879-74 und 1886-87.
[123] Rehrmann, Bolívar, S. 175.

ohne Grund legte noch Chávez den Grundstein für ein überdimensioniertes neues Pantheon in unmittelbarer Nähe zum ursprünglichen. Dieses neue Pantheon ist mittlerweile unter seinem Nachfolger Maduro 2013 eröffnet worden und dient nun auch dem Chávez-Kult.

Im 20. Jahrhundert schließlich, dem Trend der Zeiten entsprechend, wurde Bolívar zum Demokraten erklärt – was sicherlich nie auf seinem politischen Programm gestanden hatte.

In der Mitte des 20. Jahrhunderts schließlich wurde Bolívar von marxistischen Autoren entdeckt, die ihn für ihre sozialen Utopien vereinnahmten, was ebenfalls nicht zu dessen Absichten gezählt hatte, wie wir gesehen haben. Zu den Proponenten dieser Richtung der Bolívar-Verehrung gehört Fidel Castro, der in ihm den Vorreiter der lateinamerikanischen Unabhängigkeit und einen revolutionären Internationalisten sieht, der den gesamten südlichen Kontinent einigen wollte. Bekanntlich zählt wiederum Fidel Castro zu den großen Vorbildern von Hugo Chávez. Erwähnenswert ist, dass *Karl Marx selbst Bolívar als Diktator verurteilte und ablehnte.*

Sogar die Kirche vereinnahmte Bolívar für sich – also insgesamt ein ziemliches Sammelsurium von ideologischen Strömungen, die in ihn hineininterpretiert wurden.[124] Aber auch in der heiklen Rassenfrage wurde Bolívar bemüht (dieses Mal allerdings durchaus in seinem Sinne). Nachdem einige Jahrzehnte nach Erlangung der Unabhängigkeit die Anti-spanische Karte zur Rechtfertigung der weiterhin bestehenden Missstände nicht mehr glaubhaft ausgespielt werden konnte, wurde im 20. Jahrhundert die Wurzel für das Übel bei der Durchmischung der Rassen gesehen – wovor auch Bolívar gewarnt hatte. Der Fortschritt sollte durch die forcierte Einwanderung von Europäern ermöglicht werden.[125] Allerdings wandelte sich auch hier - wenig überraschend - wieder das Bild, als der Einfluss der *Pardos* trotz aller Widerstände letztlich doch gestiegen war. War man noch bis in die Mitte des 20. Jahrhunderts der Ansicht, dass Bolívar keinen Tropfen nicht-weißen Blutes hatte, wandelte sich Bolívar langsam zu einem *Pardo*, zumindest räumte man ein, dass er doch auch afrikanisches Blut in seinen Adern hatte. „Der Bolívar für alle war endgültig im Pueblo [Volk] angekommen."[126] Schon um einiges früher gab es bereits eine volkstümliche Legende, der zufolge seine Mutter eine schwarze Sklavin gewesen war – dieses Sklavenkind sei der Mutter Bolívars untergeschoben worden, die gerade ihr leibliches Kind verloren hatte. Somit konnte man Bolívar der Elite quasi entziehen und zu einem echten

---

[124] Ibidem. S. 177.
[125] Ibidem, S. 178.
[126] Ibidem, S. 179.

Angehörigen des *Pueblo* machen. Dementsprechend gibt es Porträts von Bolívar, die ihn als Weißen zeigen und solche, die ihn als Mischling zeigen. Dass beides nicht gleichzeitig stimmig sein kann, liegt auf der Hand, tut den verschiedenen Interpretationen und deren Beliebtheit jedoch keinen Abbruch. In etwa zur selben Zeit, also Mitte des 20. Jahrhunderts, wurde an der Universität von Caracas eine Professur über „das soziale Denken des Libertador" eingerichtet[127]. Auch dies im Widerspruch zu Bolívar, dem soziales Denken einigermaßen fremd gewesen war, wie wir gesehen haben.

Interessant erscheint dem Außenstehenden, dass diese *offensichtlich widersprüchlichen* Interpretationen Bolívars nebeneinander existieren und je nach politischer Großwetterlage einmal favorisiert, ein anderes Mal abgelehnt werden, ohne in ihrer Gesamtheit in Frage gestellt zu werden. Auch im heutigen politischen Diskurs der Regierung und der Opposition berufen sich beide Seiten auf Bolívar und würden nie akzeptieren, nicht seine würdigen Nachfahren zu sein. Vielleicht liegt darin auch eine der Schwierigkeiten der Bewältigung der aktuellen Krise. Wenn beide Seiten Recht haben und sich auf das gleiche unantastbare Vorbild berufen, ist es schwierig, den anderen zu verstehen und ihm vor allem zuzubilligen, auch ein richtiger Nachfahre Bolivars

---

[127] Ibidem, S. 179.

zu sein, der genauso autorisiert ist, das Land in seinem Namen zu regieren. Beide Seiten arbeiteten und arbeiten vielmehr ständig auf die Vernichtung des politischen Gegners hin.

„Eines der gravierendsten Probleme des Landes, an dessen Entstehung auch Bolívar großen Anteil hatte, bleibt damit ungelöst, wird sich vielleicht noch verschärfen: die gefährliche Macht politischer Führer, seien sie durch den Stimmzettel legitimiert oder nicht. Egal wie man den *Libertador* und sein Vermächtnis interpretiert – der extreme Personalismus, den der Bolívar-Kult verkörpert, lässt für die Demokratie in Venezuela und anderswo nichts Gutes erwarten. Denn ob die Chávez-Kritiker … auf absehbare Zeit stark genug und willens sind, diesen Kult durch eine demokratische Praxis zu ersetzen, darf man mit Fug und Recht bezweifeln. Wahrscheinlicher ist, dass die venezolanische Opposition … nur einen neuen ‚demokratischen' oder ‚liberalen' Bolívar auf den Sockel hebt."[128]

---

[128] Ibidem, S. 219.

Ab den 1920er Jahren begann mit dem Export von Erdöl die Entstehung des modernen Venezuela. Die nach wie vor unbefriedigende wirtschaftliche und soziale Situation auf dem Land führte zu einer massiven Verstädterung. Diese Migranten landeten allerdings natürlich nicht in den reichen Bezirken, sondern in den sogenannten *Barrios* – was bis heute das Synonym für Elendsviertel ist. Durch massive Zuwanderung aus Europa und Kolumbien wuchs die Bevölkerung dramatisch an, ohne dass die sozialen Probleme auch nur ansatzweise gelöst worden wären. Unter der Diktatur von Juan Vicente Gómez (1908 bis 1935) wurde Venezuela neu begründet und die nun professionalisierte Armee zu einer der Stützen der Regierung und damit der Nation gemacht. Auch daran hat sich bis heute nichts geändert. In der Armee konnten auch Nicht-Weiße Karriere machen, da die (weißen) Eliten eher in ihren angestammten Domänen wie Handel, Verwaltung etc. verblieben. Es überrascht wenig, dass auch in der Armee das einzige Vorbild Bolívar war und ist, war er doch der Prototyp des erfolgreichen Militärs gewesen. Somit hat er sich auch in der Armee eine praktisch uneinnehmbare Bastion geschaffen.

Während der Diktatur von Gómez wurde auch ein weiterer ideologischer Unterbau geschaffen, der diese Regierungsform rechtfertigte: sie wurde von Laureano Vallenilla Lanz (1870-1936) formuliert und von ihm treffend als *Cesarismo democrático*[129] bezeichnet. Lanz lobte die stabilisierende Wirkung von Gómez („der notwendige Gendarm"), der den jahrzehntelangen *Caudillo*-Bürgerkrieg beendet hatte und die Bedrohung durch die nichtweißen Rassen erfolgreich unterdrückte. *Das venezolanische Volk sei nicht reif für eine demokratische Regierungsform*, so Lanz. Diese Interpretation des politischen Anführers, nämlich als einziger Garant gegen Chaos wirkt bis heute weiter – auch, oder gerade weil chaotische Zustände herrschen.

Nach der Diktatur von Gómez wurde 1941 eine neue politische Partei gegründet, die das Schicksal Venezuelas in den kommenden Jahrzehnten, bis zur Machterlangung durch Chávez, beeinflussen sollte: die *Acción Democrática* (AD; Demokratische Aktion), nach unserem Verständnis eine sozialdemokratische Partei (wenn auch für Chávez nur Vertreter der Oligarchie und Feinde des Volkes). Der spätere Präsident Rómulo Ernesto Betancourt Bello (1945-1948 und 1959-1964) prägte wesentlich das Programm der Partei, wobei er den Fluch des Erdöls genau erkannte: „Das größte Problem der Nation ist der Bankrott unserer Wirtschaft; das weiß die Demokratische Aktion und sie spricht es auch aus. Es ist paradox, aber unser Land ist gleichzeitig reich und verarmt: Unser Staat arbeitet mit Millionen, und die Bergbauindustrie schließt ihre

---

[129] Wörtlich: Cäsarische Demokratie, also die Führung einer Demokratie durch eine sehr starke Figur, die sich letztlich nicht demokratisch verhält.

Jahresbilanzen mit astronomischen Ziffern ab. Und dennoch ist die Mehrheit der venezolanischen Bevölkerung verarmt und lebt in wirtschaftlicher Unsicherheit und Not. ... Woher kommt nun das weit verbreitete Elend in einem Land, dessen Regierung keine Auslandsschulden hat und sich den Luxus leistet, eines der höchsten Jahresbudgets von Amerika zu haben? Was ist der Grund dafür, dass ein Land wie Venezuela, das das meiste Erdöl auf der Welt exportiert und den dritten Platz in der Weltproduktion dieses überaus einträglichen mineralischen Rohstoffs einnimmt, ein solches Bild allgemeiner Armut bietet? Die Ursache ist folgende: Unser Land kreist wirtschaftlich und auch konkret um eine einzige Quelle des Reichtums, um das Erdöl; die venezolanischen Regierungen haben es bis heute nicht verstanden, den anderen Produktionsquellen einen kämpferischen, dynamischen Rhythmus zu geben. In demselben Maße, in dem die Ausbeutung des Schwarzen Goldes gestiegen ist - eine Ausbeutung, die von ausländischem Kapital kontrolliert wird -, ist unsere Agrar- und Fischereiproduktion zurückgegangen. Dies beinhaltet eine doppelte Gefahr für unser Land, vor der die Demokratische Aktion als wachsame Vorhut der Nation warnt. Die doppelte Gefahr ist, dass Venezuela sein Schicksal auf seine einzige Karte setzt, auf den Bergbau nämlich, der von Natur aus eine vergängliche Industrie ist und der erschöpft ist, wenn die Goldader endet oder das Erdöl versiegt. Und dann der übermächtige Einfluss, den die Firmen, die diese

Bodenschätze ausbeuten, auf die Wirtschaft und den Fiskus ausüben. Sie bestimmen nur indirekt, aber nicht weniger wirksam den politischen und sozialen Weg der Nation … Die Demokratische Aktion sagt in ihrem Programm, dass ein Land, das über so viel Reichtum und wirtschaftliche Möglichkeiten verfügt, keinen Grund hat, von unbefriedigten Bedürfnissen belastet zu sein. Und dass es nur einen wissenschaftlichen, kühnen, gut durchgearbeiteten Plan für den Anstoß der nationalen Produktion braucht, um eine Ära des Wohlstands zu erreichen. Unsere Partei meint, dass der venezolanische Staat in dieser Hinsicht eine zentrale Rolle zu erfüllen hat."[130] Das klingt schon sehr nach Chávez, zumindest was die unter ihm erfolgte Enteignung und Verstaatlichung weiter Teile der Wirtschaft, insbesondere der Erdölwirtschaft betrifft und die besondere Rolle, die der Staat in der Wirtschaft spielen soll. Weniger, was die Diversifizierung betrifft: daran ist auch Chávez wie bisher alle Regierungen grandios gescheitert, in den Jahren seiner Regierung und auch seither ist die Abhängigkeit Venezuelas vom Erdöl dramatisch angestiegen, sodass das Land heute praktisch über keine andere Einnahmequelle mehr verfügt. Sein Glück war es lediglich, dass sich in seiner Zeit der Preis für Rohöl verzehnfacht hat[131] und somit ungeheure Geldsummen in die Kassen des

---

[130] Rinke et al., Geschichte Lateinamerikas, S. 199f.
[131] Man kann sich heute kaum vorstellen, dass beim Amtsantritt von Chávez 1999 ein Barrel Rohöl um die 10 US-$ gehandelt wurde; in den

Staates gespült wurden. Dieses wurde aber nicht für einen Umbau der wirtschaftlichen Struktur genutzt, sondern vor allem für letztlich nicht nachhaltige Sozialprogramme im Inneren (so notwendig diese auch waren und sind) und politischen Einfluss im Ausland, allen voran die Unterstützung für Kuba und andere gleichgesinnte Regime in Lateinamerika, wie Nicaragua, Ecuador und Bolivien. Umso erstaunlicher der Hass von Chávez auf die Demokratische Aktion, die in ihrem Programm eigentlich gar nicht so weit entfernt von seinem ist.

Spitzenzeiten während der Chávez-Regierung kletterte der Preis eine Zeit lang gar auf knapp 140 US-$, um sich dann bei ca. 100/110 US-$ einzupendeln. Das offizielle Budget kalkulierte auch in dieser Hochpreisphase die Einnahmen pro Barrel immer mit US-$ 70 – das heißt der Rest verschwand in Fonds, die von Chávez persönlich kontrolliert wurden, was unvorstellbare Summen sind bei einer geschätzten täglichen Förderung von 2,3 bis 2,5 Millionen Barrel pro Tag!

Im Folgenden wollen wir weitere geistige Vorväter von Chávez etwas genauer ansehen, nämlich José Martí, José Enrique Rodó, José Vasconcelos, Che Guevara und Fidel Castro. Diese sind neben Simón Bolívar für das Verständnis seiner Gedankenwelt unabdingbare Wegbegleiter, sie sind das geistige Fundament, auf denen Chávez sein Gedankengebäude aufbaute, wenn auch zum Teil in freier Manier interpretiert. Krauze bezeichnet diese (und noch einige weitere) Denker als „Erlöser" und hat daher seiner bereits mehrfach zitierten Untersuchung auch diesen Titel gegeben. Chávez hat sich auch als Erlöser verstanden, durchaus auch im christlichen Unterton, was für einen Sozialisten zunächst ungewöhnlich erscheint. Chávez hat aber Jesus Christus als den „ersten Sozialisten" bezeichnet und sah sich auch selber als Christ, wenn er auch ein erbitterter Gegner der katholischen Kirche war – vermutlich, weil diese eine andere Interpretation von Jesus hat und ihm als große traditionelle Organisation seinen Führungsanspruch zwar nicht direkt, aber doch bestritt.

Diese Denker entwickeln ihre politischen Ideen als Antithese zum als bedrohlich empfundenen Aufstieg der USA zur amerikanischen Regionalmacht nach dem spanisch-amerikanischen Krieg von 1898 und zur Weltmacht nach 1945. Fuentes charakterisiert die ambivalenten Beziehungen zwischen Lateinamerika und den USA wie folgt: „Wir haben die Vereinigten

Staaten stets als eine Demokratie nach innen und eine Weltmacht nach außen wahrgenommen: Dr. Jekyll und Mr. Hyde. Die Demokratie haben wir bewundert, die Weltmacht beklagt. Und wir haben unter den Handlungen dieses Landes gelitten, das sich im Namen eines historischen Sendungsbewusstseins mit Rohrstock, Dollardiplomatie und kultureller Arroganz ständig in unser Leben eingemischt hat."[132] Schon bald war klar, dass sich die USA mit der Monroe-Doktrin nicht nur gegen die Einmischung von Europäern in die amerikanischen Angelegenheiten aussprachen, sondern damit implizit auch darlegten, sich *ihrerseits* in die amerikanischen Angelegenheiten einzumischen und den Kontinent anzuführen.

Die USA waren 1898 nach dem Sieg im Spanisch-Amerikanischen Krieg zum wichtigsten Faktor am amerikanischen Kontinent geworden. Damit fielen auch Spanien und das restliche Europa als identitätsstiftender Widerpart der lateinamerikanischen Identität weg und die Reflexion des Ich konzentrierte sich ab nun auf eine mehr oder weniger starke Fixierung auf den „Koloss im Norden". So kam es auch zu einer neuen Eigendefinition, nämlich der Bezeichnung „Lateinamerika". Für uns ist diese Bezeichnung so selbstverständlich und so naheliegend, dass uns nicht bewusst ist, dass diese Bezeichnung ursprünglich 1836 in Frankreich ersonnen

---

[132] Fuentes, Spiegel, S. 329.

wurde, aber dann dankbar in Lateinamerika aufgegriffen wurde und maßgeblich zur Findung der eigenen Identität beitrug: „Diese Bezeichnung erlaubte es, sich sowohl vom spanischen Erbe als auch von den Vereinigten Staaten abzugrenzen, die den einstmals dem Süden vorbehaltenen Namen ‚Amerika' zunehmend exklusiv für sich beanspruchten. Mit der Verwendung des Begriffs ‚Lateinamerika' erhoben die Intellektuellen der Region den Anspruch auf kulturelle und politische Eigenständigkeit in ihren Beziehungen sowohl zu Europa als auch zu den Vereinigten Staaten."[133] Eine der frühesten Verwendungen dieses Begriffs in der Region selbst erfolgte durch den kolumbianischen Diplomaten und Intellektuellen José María Torres Caicedo (1830-1889) in dessen 1857 erschienenen Gedicht *Las dos Américas* (Die zwei Amerikas), in welchem er dazu aufrief, dem angelsächsischen Vordringen gegenüber Mexiko mit der Konstruktion einer neuen, eben der lateinamerikanischen Identität entgegenzutreten.[134] Interessant ist, dass Caicedo in Frankreich wirkte, wo das Gedicht auch erschien, also das Konzept tatsächlich durchaus aus einer europäisch gefärbten Denkweise kommt und nicht in Lateinamerika selbst geboren wurde.[135]

---

[133] Rinke et al., Geschichte Lateinamerikas, S. 112.
[134] Abb. 9-11 zeigen die territoriale Ausbreitung der USA auf Kosten Spaniens und später Mexikos.
[135] Ibidem, S. 119.

Fuentes sieht im kubanischen Nationalhelden José Martí (1853-1895) ein Vorbild, da dieser die demokratische Staatsform als die beste angesehen hatte. Die Regierung müsse auf die Bedürfnisse der Bevölkerung Rücksicht nehmen, auf deren Kultur und Tradition. Martís Modell erlaube es einer Nation, ihre internen Erwartungen zu erfüllen und zugleich „voll an der multipolaren, interdependenten Welt teil[zu]haben, die uns im 21. Jahrhundert erwartet. Aber sie ist auch die, die uns am meisten fordert. ‚Vergesst keinen einzigen' schrieb Martí, vergesst nichts."‘[136]„Die Regierung muss aus dem Land selbst erwachsen. Die geistige Grundlage der Regierung muss aus dem Land selbst stammen. Die Regierungsform muss sich der dem Land eigenen Struktur anpassen. Die Regierung ist nichts weiter als das Gleichgewicht zwischen den naturgegebenen Kräften des Landes. Aus diesem Grunde unterlag in Amerika das importierte Buch dem natürlichen Menschen. Die natürlichen Menschen haben die künstlichen Gelehrten besiegt. Der einheimische Mestize hat den fremdartigen Kreolen besiegt."[137]

Martí gilt als *der* Vordenker der Bewegung eines Panamerikanismus genuin lateinamerikanischer Provenienz, was dieser unter dem Begriff *Nuestra América* (Unser Amerika)

---

[136] Fuentes, Spiegel, S. 295.
[137] Martí, Nuestra América, auf Deutsch in Rinke et al., Geschichte Lateinamerikas, S. 125.

zusammenfasste. Der von Martí im Jahre 1891 verfasste Aufsatz gleichen Titels muss als einer der wichtigsten der politischen Literatur Lateinamerikas verstanden werden, ohne den die weitere Entwicklung von Denken und Politik auf diesem Kontinent nicht richtig eingeordnet werden kann. Krauze schreibt: „Die moderne Geschichte der revolutionären Ideen in Lateinamerika beginnt mit dem Leben, Werk und Martyrium eines Adoptiv-New Yorkers namens José Martí."[138] Er wurde 1853 als Sohn spanischer Eltern in Kuba geboren. Kuba gehörte damals neben Puerto Rico (und den Philippinen) noch zu Spanien, der Rest der Kolonien war bereits, wie oben beschrieben, spätestens seit 1824 unabhängig. Schon früh wandte er sich gegen die spanische Herrschaft und widmete sein Leben diesem Kampf, jahrelanges Exil und Gefängnisstrafen waren die Folge. 1869 veröffentlicht Martí das einaktige Drama *Abdala*. Darin findet sich folgender kurzer Dialog des Helden mit seiner Mutter über die grundlegende Liebe:

„ - Espirta [Mutter von Abdala]: Und diese Liebe ist größer, als die in Deiner Brust für Deine Mutter?

- Abdala: Du glaubst tatsächlich, dass es etwas Höheres gibt als das Vaterland?"[139]

---

[138] Krauze, Redentores, S. 21.
[139] Zitiert in ibidem, S. 22. Folgende Überlegungen und Zitate (von mir übersetzt) orientieren sich am Kapitel über Martí in ibidem, S. 21-39.

Für Martí übersteigt also die Bedeutung des Vaterlandes sogar die Liebe zur eigenen Mutter, er wird letztlich auch bereit sein, sein eigenes Leben dafür zu opfern. 1873, nachdem sich Spanien zu einer Republik erklärt hatte, fordert er für die verbliebenen Kolonien Spaniens die gleichen Rechte wie für das Mutterland: „Und wenn Kuba mit dem gleichen Recht, mit dem die Republik erklärt wurde, seine Unabhängigkeit erklärte - wie könnte diese Republik dann Kuba sein Recht verweigern, frei zu sein, nämlich das gleiche Recht, das sie selbst in Anspruch nahm? Wie würde sie sich selbst die Republik verweigern? Wie kann man über das Schicksal eines Volkes verfügen, indem man ihm ein Leben aufzwingt, mit dem es nicht voll und ganz einverstanden ist?" Martí wurde zum überzeugten Verfechter der republikanischen Idee, da dies für ihn die beste Staatsform war – eine Republik würde einer anderen nie etwas aufzwingen. Gleichzeitig war er ein Verfechter der Demokratie, wandte sich gegen Militarismus und die Regierungsform des *Caudillo* oder einer Tyrannei. In diesen Ansichten folgten ihm nicht immer alle Verfechter der Unabhängigkeit Lateinamerikas, die sich gerne auf Martí berufen, Castro vorne weg. Nach langjährigen Aufenthalten in Spanien und Mittelamerika lässt er sich schließlich 1880 in New York nieder, wird dort interimistischer Präsident des Revolutionären Kubanischen Komitees und schreibt unaufhörlich. Mitte der 1880er Jahre, nach zwei gescheiterten Aufständen gegen die Spanier, riet Martí den Aufständischen abzuwarten, bis die

Bedingungen für eine Revolution reif wären, um so auch imstande zu sein, eine Republik zu errichten, die auf Freiheit und Eintracht gegründet ist und nicht auf dem Willen eines *Caudillo*. In weiser Voraussicht machte sich Martí, noch zu Zeiten, wo die Unabhängigkeit Kubas in weiter Ferne schien, nicht nur Gedanken über das innere Gefüge eines freien Kuba, sondern auch über das zu erwartende Verhältnis der USA zu Kuba: der große nördliche Nachbar würde danach trachten, das vor seinen Küsten strategisch liegende Kuba zu annektieren bzw. zumindest dort einen immensen Einfluss auszuüben, der nicht im Interesse Kubas wäre. Genau diese Friktionen sollten das Verhältnis der USA nicht nur zu Kuba sondern zu ganz Lateinamerika spätestens ab dem spanisch-amerikanischen Krieg 1898 bis heute definieren. Schon in den 1880er Jahren fand in der Öffentlichkeit sowohl der USA als auch in Kuba eine Diskussion über die Vor- und Nachteile einer Annexion der Insel durch die USA statt. Es sind die ersten Vorboten eines nordamerikanischen Imperialismus, der 1898 nach dem Krieg mit Spanien voll erwacht. Martís Überlegungen zum Verhältnis der beiden Teile des Kontinentes münden ebenfalls in den Aufsatz *Nuestra America*, von Krauze als „Grundpfeiler des Hispano-Amerikanismus im 20. Jahrhundert" charakterisiert. Die beiden Hälften des Kontinentes sollten sich nach Ansicht Martís gegenseitig gut kennen und respektieren und nicht die eine die andere dominieren. Nach familiären Enttäuschungen widmet er sich voll und ganz dem Kampf um die

Unabhängigkeit Kubas, und er greift auch zu den Waffen. In Kuba angelangt, setzt er sich freiwillig einem selbstmörderischen Angriff aus und fällt in einem Scharmützel mit spanischen Truppen am 19. Mai 1895. Er hätte sich diesem Angriff nicht aussetzen müssen und es liegt nahe, dass er ein Märtyrer der Unabhängigkeit Kubas werden wollte und sich für die Erlösung von den Spaniern opferte und damit selbst zu einem Erlöser wurde.

Um die Tragweite der Entwicklungen auf Kuba auf das Verhältnis zwischen den USA und Lateinamerika zu verstehen, müssen wir die Ursachen des Konfliktes betrachten. Schon einige Zeit vor dem spanisch-amerikanischen Krieg von 1898 war die Bedeutung Kubas für die USA erkannt und formuliert worden. Nur wenige Gebiete bzw. Staaten haben ein derart wichtiges politisches, wirtschaftliches und sozialpolitisches Gewicht für die USA wie diese verhältnismäßig kleine Insel in der Karibik. Wie bei einer Immobilie bedeutet auch hier die Lage alles, wobei der Isthmus in Zentralamerika die Hauptrolle spielt. Zwar schwankten die USA eine Zeit lang zwischen der Errichtung eines Kanals in Nicaragua oder Panama, Kuba liegt aber in jedem der beiden Fälle für die transamerikanische Schifffahrt an einer strategischen Stelle. Dies erkannte schon 1895 der Senator Henry Cabot Lodge (1850-1924), der für Jahrzehnte einer der wichtigsten Proponenten einer imperialistischen Politik war. Seiner Ansicht nach sollten die USA zwar keine Gebiete südlich des Rio Grande (der die Grenze zwischen den USA und Mexiko bildet) annektieren, aus wirtschaftlichen Gründen müsse aber der Nicaragua-Kanal auf jeden Fall gebaut werden. Wenn der Kanal bestünde, so würde Kuba für die USA zu einer „*Notwendigkeit*"[140] werden. Im Bürgerkrieg zwischen den Aufständischen und Spanien auf Kuba sollten die USA ihre Guten Dienste[141] anbieten mit dem Ziel, den Frieden wiederherzustellen und der Insel die Unabhängigkeit zu geben. Lodge wörtlich: „Ich denke, es gibt wenige Angelegenheiten [der Bürgerkrieg in Kuba zwischen den Spaniern und den Aufständischen] mit einer größeren Bedeutung für das Volk der Vereinigten Staaten, nicht nur weil es Sympathie [für die Aufständischen] fühlt, sondern auch aufgrund der Bedeutung der Zustände auf der Insel, in deren Zukunft große und äußerst schwerwiegende Interessen der Vereinigten Staaten involviert sind. ... Wir haben das Recht, diesen [Konflikt] rein vom Standpunkt der Interessen der Menschheit und der unsrigen zu betrachten. Es gibt keine Bindungen, keine Verpflichtungen, keine Traditionen [gegenüber Spanien], denen wir folgen müssen. ...

---

[140] Zur Haltung von Lodge s. dessen Rede im Senat im Februar 1896, zitiert in The Annals of America, Band 12, S. 2-5 und 85-87.
[141] Gute Dienste sind in der Diplomatie eigentlich dazu da, zwischen zwei Streitparteien zu vermitteln und eine für beide Seiten gesichtswahrende Lösung zu finden. Die USA hatten aber die Partei der Aufständischen ergriffen, womit die Sache für Spanien von vorne herein so gut wie verloren war.

Unsere unmittelbaren finanziellen Interessen auf der Insel sind groß. Diese werden zerstört.[142] Ein freies Kuba würde für die Vereinigten Staaten einen großen Markt bedeuten; es wäre eine Gelegenheit für amerikanisches Kapital. ... Dies sind nur einige der materiellen Interessen in dieser Frage, aber wir haben auch ein breiteres politisches Interesse am Schicksal Kubas. Diese große Insel liegt mitten im Golf von Mexiko. Sie beherrscht den Golf, sie beherrscht den Weg, durch den all unser Küstenverkehr zwischen dem Golf und unseren nördlichen und östlichen Staaten führt. Sie liegt direkt auf der Linie, die zum Nicaragua-Kanal führt. Kuba in unseren oder uns freundlichen Händen, in den Händen seines eigenen Volkes, an uns gebunden durch Interesse und Dankbarkeit, ist ein Bollwerk für den Handel, für die Sicherheit und den Frieden der Vereinigten Staaten."

Die USA ergriffen also Partei für die Aufständischen nicht nur wegen der Sympathie für einen Befreiungskampf gegen einen Kolonialherren, sondern in der Erwartung, dass ein unabhängiges Kuba ein willfähriger Partner sein werde, der im alleinigen Interesse der USA handelt. Bis zur Revolution von 1959 war dies auch der Fall und Kuba hatte keinerlei selbständige Politik. Der „Dank" der Kubaner an Washington währte nur bis 1959 – neben

---

[142] Die USA hatten große Investitionen auf Kuba und die Spanier zerstörten oder requirierten im Laufe der militärischen Auseinandersetzungen auch immer wieder US-Eigentum.

dem strategischen Verlust scheint dies auch eine psychologische Wunde geschlagen zu haben, was vielleicht auch hilft, die verbitterte Reaktion auf Fidel Castro zu erklären. Andererseits ist es wenig verwunderlich, dass man die Dinge in Kuba mit anderen Augen sah. Zunächst war die Enttäuschung gewaltig, als die USA in der Endphase des Aufstandes nach dem Untergang des US-Kriegsschiffes *Maine* im Hafen von Havanna[143] 1898 direkt eingriffen und Spanien den Krieg erklärten. Der Schlachtruf der USA lautete: „*Remember the Maine, to hell with Spain!*" Die Aufständischen waren sich zu diesem Zeitpunkt schon sicher, die Spanier alleine aus Kuba vertreiben zu können. So fühlte man sich durch das ungebetene Eingreifen der USA des sicheren Sieges gegen die Spanier beraubt. Man hat den Eindruck, dass wer auch immer Kuba kontrolliert, ein Stachel im Fleisch des Anderen ist: sind es die USA, so sieht sich Lateinamerika gedemütigt, sind es die Einheimischen, so fühlen sich die USA gedemütigt.[144] Neben

---

[143] Es ist bis heute nicht geklärt, wer hinter dem Anschlag steht bzw. ob es sich nur um einen Unfall gehandelt hat, der zur Explosion und dem Sinken des Schiffes führte. Wie auch immer, in den USA brach eine antispanische Hysterie aus, die rasch zur Kriegserklärung führte. *Cui bono?*
[144] Puerto Rico ist ein Sonderfall: Diese Insel wurde auch 1898 den Spaniern abgenommen und ist als Assoziierter Freistaat mit den USA verbunden. So gehört die Insel zwar zu den USA, ist aber kein eigener Staat und hat auch keine Vertreter im Kongress. In regelmäßigen Abständen finden Referenden über die vollständige Eingliederung Puerto Ricos statt, am *status quo* hat sich aber bis heute nichts geändert. Die völlige Unabhängigkeit Puerto Ricos wird immer wieder von Nationalisten in Lateinamerika gefordert. Chávez hat sich interessanterweise zu dem Thema kaum geäußert.

den strategischen Verwerfungen, die ein solcher „Besitzwechsel" mit sich bringt, spielt offenbar das Ego eine große Rolle. An der Frage Kuba entzündet sich seit 1959 ein nicht enden wollender Kleinkrieg zwischen dem Norden und dem Süden, der dem Süden immer wieder willkommene Munition im verbalen und echten Kampf liefert. Venezuela, das Kuba in Südamerika am nächsten liegt und für die Insel die größte Bedeutung hat, ist dabei ein natürlicher Verbündeter der Sache Lateinamerikas. Es überrascht daher wenig, dass Chávez ein glühender Verehrer und Verfechter von Fidel Castro war und Kuba – das heißt das sozialistische System auf Kuba – nach dem Ende der Sowjetunion vor dem Untergang bewahrte. Castro revanchiert sich bis heute mit der Entsendung von tausenden Experten, ohne die seinerseits das sozialistische System in Venezuela nicht lange überlebensfähig wäre. Man nennt diese Symbiose auch *Venecuba*.[145]

Der Sieg der USA gegen die Spanier 1898 bewirkte einen Bruch im politischen Denken Lateinamerikas, der bis heute nicht

---

[145] In einer heute praktisch vergessenen Episode hatte Castro im Jahre 1967 sogar eine Handvoll Truppen nach Venezuela entsandt, um sich in die damalige militärische Auseinandersetzung zwischen linken Guerillas und der Regierung einzuschalten. Ähnlich aber wie die US-Invasion in der Schweinebucht scheiterte diese Landung schon an der Küste. Unter Chávez konnte Castro dann seine Truppen entsenden. Diese sind mittlerweile ein Staat im Staat geworden und kontrollieren neben den hohen Rängen des Militärs auch den gefürchteten Geheimdienst und sind eine wesentliche Stütze der Regierung.

überwunden wurde. Man wollte nun nicht mehr wie die USA sein, die Vorbildwirkung, die diese Republik, die sich ebenfalls die Unabhängigkeit erkämpft hatte, lange in Lateinamerika genossen hatte, war durch das imperialistische Gehabe Washingtons nicht mehr vorhanden. Es herrscht seither Unbehagen in den Beziehungen. Wie Martí vorhergesehen hatte, weigerten sich Kuba und der Rest Lateinamerikas, eine durch Waffengewalt aufgezwungene Freiheit (ohnedies ein Widerspruch in sich) und eine Unabhängigkeit, die sich als Protektorat entpuppte, zu akzeptieren. Man erkannte nun, dass die Ereignisse von 1898 lediglich eine Fortsetzung der seit Jahrzehnten praktizierten aggressiven Politik der USA gegenüber Lateinamerika waren: so hatte Mexiko in der Mitte des 19. Jahrhunderts die Hälfte (!) seines Territoriums an die USA verloren und Einmischungsversuche in Zentralamerika waren auch ständig vorgekommen. Im Geiste des 1899 von Rudyard Kipling erschienenen Gedichtes *„The White Men's Burden"* war man in den USA der Ansicht, dass der Süden barbarisch und unzivilisiert sei, der Führung und Schutz benötigte.

Der venezolanische Journalist, Schriftsteller und liberale Politiker César Zumeta (1860-1955) setzte sich 1899 mit dem Auferstehen der USA als koloniale und imperiale Macht auseinander und verfasste ein Pamphlet mit dem Titel *El continente enfermo* (Der kranke Kontinent). Darin setzte er sich wie Martí mit der Machtübernahme der USA auf Kuba auseinander und analysierte die Beziehungen Lateinamerikas zu den damaligen Großmächten.[146] Man erkennt also, dass man sich im Süden schon sofort nach dem Erwachen des „Kolosses im Norden" Gedanken machte, was dies für die eigene Zukunft bedeutete. Dies hat bis heute nichts an Aktualität verloren und zeigt die Wirkmächtigkeit der Geschichte, die Generationen beschäftigt und immer wieder zu Reaktionen herausfordert – von Akzeptanz bis Resignation bis Widerstand bis Revolution. Die lateinamerikanische Geschichte, die Entstehung von historischen Figuren wie Perón, Castro, Allende, Ortega, Chávez, Kirchner oder deren Kontrapunkte Árbenz, Pinochet, Somoza, Noriega, Videla sind ohne die Reibungen mit dem Norden nicht vorstellbar. Glasklar analysiert Zumeta die damalige Entwicklung und da dieser Text auch heute noch gültig ist, sei er etwas ausführlicher zitiert: „ ... geht die moderne Tendenz im Kampf um größere Märkte dahin, unterentwickelte Gebiete zu erwerben, um zumindest theoretisch das Entwicklungsniveau unter den Einwohnern des eroberten Landes anzuheben und ihren Reichtum auszubeuten. ... Gerade jetzt, da die Abgrenzung der Einflusssphären in den unterjochten Ländern vor dem Abschluss steht [Anm.: gemeint ist die Kolonialisierung Afrikas und Asiens durch die europäischen Mächte], treten die Vereinigten Staaten als weiterer Machtfaktor

---

[146] Rinke et al., Geschichte Lateinamerikas, S. 126-128. Das folgende Zitat von ibidem.

auf und erklären sich zum Erben des spanischen Kolonialreiches, sei es mittels Eroberung, wie im Falle Puerto Ricos oder der Philippinen, oder durch Annexion bzw. Errichtung eines Protektorates wie in Kuba. ... Dabei ist es unnütz über Rechtsfragen zu diskutieren, wo Tatsachen sich ihr eigenes Recht schaffen. Ernst genommen wird das internationale Recht nur zwischen den Mächten, deren Kräfte sich die Waage halten. ... Die heute anerkannte Doktrin wäre etwa die folgende: Die Völker, die aufgrund ihrer Kenntnisse oder materiellen Möglichkeiten nicht in der Lage sind, die Reichtümer ihres Bodens zu nutzen und die weiten, leeren Landstriche, die sich aufgrund ihres geografischen und politischen Zufalls innerhalb ihrer Grenzen befinden, zu bevölkern, schaden dadurch der Landwirtschaft auf der ganzen Welt; daher zeugt es von sittlicher Höhe, wenn die Fähigsten und Arbeitsamsten das besetzen, was in fahrlässiger Weise ungenutzt bleibt. ... Und diese Doktrin will man auf uns anwenden, weil in Europa und Nordamerika die Anschauung vorherrscht, dass wir unfähig seien, die Entwicklung der Territorien, die sich in unserem Besitz befinden, in Übereinstimmung mit den Zielen der heutigen Zivilisation voranzutreiben. ... In allen Ländern [Lateinamerikas] wurde infolge internationaler [finanzieller] Rückforderungen und Staatsanleihen das Gespenst des Bankrotts über dem Kontinent heraufbeschworen, so dass wir zu oft schmerzlicher Außerkraftsetzung von Rechten gezwungen waren. Wir schätzten unsere eigene große Leistungsfähigkeit gering ein und vergeudeten unsere Kräfte anderweitig, während ein beschämend geringer Anstieg von Handel, Produktion und Bevölkerung bei erstaunlich rapider Vergrößerung der Staatsschulden unsere Lage kennzeichnete. Wir waren in hohe Ideale verliebt, aber nicht bereit, sie in die Tat umzusetzen; vielmehr galt uns die Gewalt als höchste Entscheidungsinstanz. ... All diese Dinge dienen denen als Beweis, die die Doktrin des Nordens vertreten, dass es physisch unmöglich sei, eine fortschrittliche Zivilisation in den Tropen zu schaffen. Dem beklagenswerten Pessimismus dieses extremen Standpunktes antworten andere mit dem nicht weniger extremen Optimismus, dass die Achse der Weltzivilisation wieder in die Tropen zurückkehren würde und wir die Staaten des Nordens nachahmen müssten. ... Dies aber weist auch darauf hin, dass die tropischen Länder nur eine ihnen eigene Zivilisation anstreben sollten. ... Die sofortige Bewaffnung ist unsere Pflicht. Das Bewusstsein von der Notwendigkeit der nationalen Verteidigung muss über allen politischen Querelen im Inneren stehen; die Überzeugung, dass nicht ein Volk, sondern ein ganzer Kontinent, eine ganze Rasse gefährdet ist, muss alle egoistischen Regungen, denen zufolge etwa nur Nicaragua oder Panama, das Amazonas- oder das Orinoco-Tiefland die erhoffte Beute wären, zum Verstummen bringen. ... Seien wir vorausblickend. Die lateinamerikanischen Republiken sind die einzigen schwachen Völker der Erde, deren Unterjochung noch aussteht. ...

Bewaffnen wir uns. Allein mit dieser Vorsichtsmaßnahme können wir der Gefahr ausweichen, ja selbst die Katastrophe bannen. Unser Schicksal hängt von uns selber ab."

In diesem Text erkennen wir eine Reihe von Topoi, die die Geschichte der Beziehungen zwischen Nord- und Südamerika bis zum heutigen Tage entscheidend prägten. So beispielsweise die Selbsterkenntnis, das man im Laufe der Jahrhunderte gegenüber dem Norden wirtschaftlich, kulturell und technisch zurückgefallen war. In den Zeiten der karibischen Zuckerindustrie war ein Gutteil des globalen Reichtums auf den Zuckerinseln investiert bzw. wurde dort erwirtschaftet, zu einer Zeit, als man in Nordamerika noch nicht einmal Bäume fällte oder Tierfelle gerbte.[147] Oder die Erkenntnis, dass man im Süden den potenziellen Reichtum des Kontinentes nur ansatzweise nutzen konnte und immer mehr von ausländischer Hilfe und Kapital abhängig geworden war. Und die ebenso bittere Erkenntnis, dass in den internationalen Beziehungen eigentlich nur das Recht des Stärkeren gilt. Weiters die Erkenntnis, dass trotz allen Fleißes und Reichtums an Bodenschätzen die wahre Macht bei den Finanzinstitutionen liegt,

---

[147] Man kann sich heute kaum vorstellen, dass die winzige Zuckerinsel Barbados in der Karibik über mehrere Generationen lang mehr Erlös erwirtschaftete, als *alle* englischen Kolonien in Nordamerika zusammen. Dies erklärt auch, warum in vielen europäischen Friedensverträgen dieser Zeit die winzigen Karibikinseln gegen riesige Gebiete in Nordamerika und anderswo als Kriegsbeute mehrfach den Besitzer wechselten.

die ein blühendes Land aufgrund der Verschuldung in den Ruin treiben können. Die meisten Interventionen der folgenden Jahrzehnte gingen in der einen oder anderen Form auf die erzwungene Begleichung von Schulden zurück, die sich oftmals in einem Kampf um das Eigentum an den Ressourcen des jeweiligen Landes manifestierte: Bananen in Mittelamerika, Öl in Venezuela, Kupfer in Chile, Rindfleisch in Argentinien, Kautschuk und Kaffee in Brasilien. Hier deutet sich die Dialektik der Verstaatlichungen und Privatisierungen eben dieser Ressourcen an, die immer wieder zu Interventionen der Europäer bzw. spätestens seit dem Ende des Ersten Weltkrieges praktisch nur mehr von Seiten der USA führten.

Die Auseinandersetzungen in Chile zwischen Allende und Pinochet, in Guatemala zwischen Árbenz Guzmán und Castillo Armas, in Venezuela zwischen Chávez und den „Oligarchen" – immer wieder geht es um die Kontrolle über die Rohstoffe, die das Rückgrat der Wirtschaften ausmachen. Die Industrialisierung hat in Lateinamerika nie den Grad Europas oder Nordamerikas erlangt, daher die fortgesetzte Abhängigkeit von Rohstoffen. Dies paart sich mit der Erkenntnis von Zumeta, dass der Reichtum des Südens nicht durch Industrialisierung geschaffen wird, sondern durch das Land an sich vorgegeben ist. Wenn Chávez Zumeta nicht gelesen haben sollte, so hat er doch klar dessen Analyse und Lösungsansatz – nämlich Widerstand gegen die USA und die internationale Finanzwelt bis hin zum bewaffneten Widerstand – zu seinen eigenen gemacht. Chávez hatte ebenso erkannt, dass der Süden schon längst kein *global player* mehr war, dass seine Eigenständigkeit durch das internationale bzw. US-amerikanische Kapital völlig unterminiert war und dass eine Lösung nur möglich sei, wenn sich alle Länder des südlichen Kontinentes gegen die USA zusammenschließen. Die Einheit des Kontinentes war daher konsequenterweise eine der Leitlinien seiner Politik, wie die von ihm initiierte Schaffung zahlreicher Organisationen zeigt: UNASUR, ALBA[148], Petrocaribe[149] etc. Dabei ging es aber nicht nur um einen rein machtpolitischen Block gegen den Norden, sondern immer auch um *eine ideologische Gemeinschaft linker Philosophie gegen den Kapitalismus.* Daher versuchte Chávez auch immer, linken Regierungen dort an die Macht zu helfen, wo dies noch nicht geschehen war. Leicht machte es ihm auch der Glücksfall, dass gerade im ersten Jahrzehnt des 21. Jahrhunderts die Mehrheit der Regierungen in Lateinamerika linksgerichtet war, als Gegenpendel zu den zahlreichen rechten Militärdiktaturen der Jahrzehnte davor. Dies vor allem in den wichtigen Ländern

---

[148] *Alternativa Bolivariana para los Pueblos de Nuestra América* – Bolivarianische Alternative für die Völker Unseres Amerikas, gegründet 2004. Man beachte den Zusatz „Unser" Amerika, also eine direkte Anspielung auf Martí.
[149] Allianz zwischen Venezuela und einer Reihe karibischer Länder, in welcher verbilligtes Erdöl aus Venezuela gegen politische Unterstützung seitens dieser Staaten für venezolanische Ideen in internationalen Foren getauscht wird, gegründet 2004.

Brasilien, Argentinien, Chile aber auch in Ecuador, Uruguay, Nicaragua und im besonderen Maße durch den großen Protektor und Avantgardisten des linken Widerstandes gegen die USA, Kuba. Der gegensätzliche Trend in Mexiko und Kolumbien und einigen Ländern in Zentralamerika zeigt aber, dass dieser Ansatz nicht universell durchsetzbar ist und u.a. auch daran die tatsächliche Einheit des Südens nicht zu verwirklichen ist.

Zumeta zeigte die Umstände auf, mit denen sich Lateinamerika vom Norden unterschied, und diese alleine wären schon gewichtig genug, um für eine ständige Auseinandersetzung zu sorgen. Ebenso wichtig aber sind die philosophischen Unterschiede, die die beiden Welten voneinander trennen. Aus dem Schock des direkten Eingreifens des Nordens im Süden im Gefolge des spanisch-amerikanischen Krieges und der Arroganz bzw. Insensibilität des Nordens dem Süden gegenüber entwickelte sich also nicht nur eine gegen die USA gerichtete Haltung, sondern nach Einschätzung von Krauze vielmehr auch ein „hispano-amerikanischer Nationalismus", dessen „Bibel" ein 1900 erschienener Aufsatz mit dem Titel *Ariel* ist.[150] Nur kurz nach der

---

[150] Eine ähnliche geistige Entwicklung machte auch Spanien nach dem Krieg gegen die USA durch, dass sich mehr als zuvor wieder seiner selbst und seiner kulturellen Errungenschaften bewusst wurde, man spricht bei den Schriftstellern und Philosophen auch von der „Generation 98", der z.B. der auch bei uns bekannte José Ortega y Gasset (1883-1955) angehört, s. Krauze, Redentores, S. 48f.

Analyse von Zumeta zeigte darin der aus Uruguay stammende Schriftsteller José Enrique Rodó (1871-1917) diese geistigen Unterschiede auf, die für das Selbstverständnis Lateinamerikas so wichtig sind.

Rodó war der erste Ideologe des hispano-amerikanischen Nationalismus.[151] Der Ausgang des Krieges zwischen den USA und Spanien hinterließ auch bei ihm einen unauslöschlichen Eindruck, bedeutete dieser doch, dass Kuba lediglich seinen Herren wechselte, aber nicht wirklich unabhängig wurde. Die jahrzehntelangen Bemühungen der Kubaner, ihre Unabhängigkeit zu erreichen waren wertlos gewesen, man hatte es nicht nur nicht aus eigener Kraft geschafft, die Spanier zu vertreiben, sondern sich auch einen neuen, noch stärkeren Herren eingehandelt. Dies nagte nicht nur am Selbstwertgefühl der Kubaner, sondern aller Lateinamerikaner. Die USA übernahmen wie dargelegt von Spanien dessen letzte verbliebene Kolonien Puerto Rico und Kuba im Atlantik, die Philippinen und Guam im Pazifik. Damit stiegen sie zu einer Macht auf, die Interessen auf dem gesamten Globus hatten.[152] Rodó schrieb als Antwort auf diese unerwartete Entwicklung den Aufsatz *Ariel*, mit dem er laut Krauze die „ideologische Geschichte Hispano-Amerikas änderte". Der

---

[151] Für die folgenden Ausführungen zu Rodó s. das entsprechende Kapitel in Krauze, S. 41-63.
[152] Dieser Paradigmenwechsel führt auch wenig später zum Eintritt der USA in den Ersten Weltkrieg 1917.

Effekt dieser Machtübernahme war in Lateinamerika auch deswegen so stark, da die USA, wie schon von Martí vermutet, nicht die Absicht hatten, auf die lokalen Gegebenheiten Rücksicht zu nehmen, sondern ihre Kultur als überlegen ansahen und sich Lateinamerika geistig nicht annäherten. Waren die Spanier über dreihundert Jahre auch die kulturelle Mutter ihrer Kolonien gewesen, so konnten und wollten die USA diese Rolle nie einnehmen – und waren sich dessen auch nicht bewusst (zumindest unterstellt man dies den USA). In gewisser Weise gilt dies bis heute. „Die Suche nach den Wurzeln des Eigenen in den autochthonen Kulturen und bei der Masse der Ausgegrenzten sowie die Forderung nach einer Einheitsfront zur Abwehr der nordamerikanischen Gefahr entwickelte sich zwischen 1898 und 1914 zu einem wichtigen innovativen Element in der lateinamerikanischen Geistesgeschichte."[153] Diese Dichotomie war keineswegs vorgezeichnet gewesen. Während der Jahrzehnte des Kampfes gegen die spanischen Kolonialherren hatten die Unabhängigkeitskämpfer wie erwähnt bewundernd zu den USA geblickt, die als freie säkulare Republik genau das Gegenteil des monarchischen, katholischen, despotischen Spanien darstellten und somit den Lateinamerikanern Vorbild waren. Sogar Bolívar, der aus strategischen Gründen eher England zuneigte, konnte sich der Bewunderung für die USA nicht entziehen: „Wer könnte sich

---

[153] Rinke et al., Geschichte Lateinamerikas, S. 113.

dem Genuss der vollen Souveränität, Unabhängigkeit, Freiheit entziehen? Wer kann sich der Liebe entziehen, die eine intelligente Regierung inspiriert, die es schafft, gleichzeitig die partikularen Rechte mit den allgemeinen zu verbinden; die aus dem gemeinsamen Willen das oberste Gesetz des individuellen Willens formt? Wer kann sich der Anziehungskraft einer wohlwollenden Regierung entziehen, die mit geschickter, aktiver und mächtiger Hand als Triebfeder immer und überall zur gesellschaftlichen Perfektion führt, die das einzige Ziel der menschlichen Institutionen ist?"[154] Diese Begeisterung Bolívars für das politische System der USA wurde von Chávez jedenfalls nicht übernommen.

Ariel gilt somit als „vielleicht wirkungsmächtigstes Werk der lateinamerikanischen Literatur jener Jahrzehnte"[155]. Im Mittelpunkt der Analyse Rodós steht die Idee einer Antithese zwischen Nord- und Südamerika, in dem er die USA als *Caliban* definiert, die Shakespeare'sche Figur aus „Der Sturm", die den krassen Utilitarismus verkörpert. Dem setzt Rodó *Ariel* entgegen, der im gleichen Stück Shakespeares als Verkörperung des Geistes gilt und für Rodó Lateinamerika repräsentiert. Man war sich bewusst geworden, dass man im Gegensatz zu den USA nicht

---

[154] Zitiert in Krauze, Redentores, S. 44f.
[155] Rinke et al., Geschichte Lateinamerikas, S. 128-130. Zitate von ibidem.

145

über die neueste Technologie verfügte, aber über den *Geist*. In Lateinamerika überwindet man die jahrzehntelange Abneigung gegen das Mutterland Spanien und identifiziert sich wieder über die gemeinsame Sprache und Denkweise, nun, wo Spanien nicht mehr gefährlich ist, stellt dies auch kein praktisches Problem mehr dar. *Caliban* wird mit den demokratischen Kapitalisten identifiziert, denen Geist und Eleganz fehlt. Die Nordamerikaner ihrerseits werden trotz oder gerade aufgrund ihrer technischen Errungenschaften als die Barbaren gesehen, die die Feinde des Idealismus sind.[156] Man geht dabei in der Idee zur Nation auf Johann Gottlieb Fichte (1762-1814; wichtigster Vertreter des Deutschen Idealismus) zurück, dem zufolge jeder Nation eine Idee innewohnt, die sich nicht vorübergehenden Einflüssen beugt.[157] Alle spanisch-sprechenden Einwohner Lateinamerikas gehören daher aus dieser Sicht der gleichen Nation an, die Sprache ist das verbindende Element, mit dem man sich gleichzeitig vom Norden abgrenzt. Auch Bolívar und Martí hatten in ähnlichem Sinne argumentiert, Chávez griff dies dann immer wieder auf. Rodó definiert *Ariel* folgendermaßen: „Ariel, Genius der Luft, repräsentiert im Werk von Shakespeare den noblen und

---

[156] Krauze, Redentores, S. 51.
[157] Ibidem, S. 52. Krauze ist daher auch der Ansicht, dass die Sympathie in Lateinamerika für den deutschen Nationalsozialismus auch auf ein gleichgeartetes Verständnis der Nation zurückzuführen ist. Daneben spielten natürlich auch strategische Überlegungen eine Rolle, aber man sollte diesen Aspekt meines Erachtens nicht übersehen.

geflügelten Teil des Geistes. Ariel ist das Imperium des Verstandes und das Gefühl über die niedrigen Reize der Irrationalität."[158] Aus der eher negativen Bewertung Nordamerikas aus kultureller Sicht ergab sich auch ein politischer *antiyanquismo*, also die ablehnende Haltung gegenüber den USA. Gleichzeitig manifestiert sich in dieser Haltung ein Anti-Imperialismus: wir dürfen nicht vergessen, dass das allgemeine Denken in Europa und den USA dieser Epoche auf den Imperialismus fixiert war. Dem stellte man sich in Lateinamerika entgegen, indem man nicht die Errungenschaften einer Nation in den Bereichen Technik, Militär und Wissenschaft als höherwertig betrachtete, sondern eben den Geist einer Nation, der nicht auf die Eroberung oder Unterwerfung anderer Nationen gerichtet ist. Dieser Anti-imperialistische Ansatz wirkt in Lateinamerika bis heute, Fidel Castro, Che Guevara und Hugo Chávez sind nur seine bekanntesten Vertreter. Tatsächlich ist es so, dass Lateinamerika nie in andere Regionen ausgegriffen hat und nie imperialistische Politik betrieben hat. Auch die Bedeutung, die der Erziehung in Lateinamerika zugemessen wird, kommt aus der Einsicht, dass es weniger auf die *Menge* der geistigen Ressourcen ankommt, sondern vielmehr, *wie* man diese am besten einsetzt. Aus diesem Grunde hat die Erziehung auch eine sehr politische Dimension, was auch

---

[158] Zitiert ibidem, S. 53. Die folgenden Gedanken ebenso aus diesem Kapitel.

von Castro und Chávez mit ihren zahlreichen und durchaus erfolgreichen Bildungsprogrammen für die armen und benachteiligten Schichten aufgriffen wurde. *Ariel* gegen *Caliban*.

Das von Zumeta erwähnte Thema der Schulden gegenüber europäischen Mächten wie England oder Deutschland sollte lange intensiv die Dynamik der Nord-Süd-Beziehungen prägen. 1902 versuchte man in Lateinamerika, sich gegen die Einmischung der europäischen Gläubigerländer zu verwahren. Die USA nutzen diese Gelegenheit und formulierten die „*Roosevelt-Corollary*" zur Monroe-Doktrin (s. Abb. 17). Dieses Vorgehen zeigte unmissverständlich, wie die USA nunmehr ihren Einfluss bewerteten: im Zuge einer Schuldenkrise Venezuelas hatten Großbritannien und Deutschland die Küste Venezuelas nämlich militärisch blockiert. Präsident Theodore Roosevelt machte 1904 mit seiner Ergänzung zur Monroe-Doktrin klar, dass die USA für sich alleine das Recht beanspruchten, in Lateinamerika zu intervenieren, sollte sich einer der Staaten dort nicht konform verhalten.[159] Die USA zwangen England und Deutschland, mit Venezuela einen Kompromiss in der Schuldenfrage zu finden. Die *Corollary* wurde in den 1920er Jahren als Vorwand für zahlreiche Interventionen und Besetzungen in der Karibik und Mittelamerika herangezogen, was von den lateinamerikanischen Staaten heftig

---

[159] Rinke et al., Geschichte Lateinamerikas, S. 102f.

kritisiert wurde und die bereits bestehende Entfremdung zwischen Nord und Süd nur vertiefte.

Nach dem Ersten Weltkrieg orientierte sich Lateinamerika weg von Europa zu den USA, vor allem auch in wirtschaftlicher Hinsicht, da Europa als Handelspartner großteils wegbrach. Ab den 1920er Jahren intensivierte sich dadurch die direkte Einflussnahme der USA auf die Geschicke Lateinamerikas noch weiter. Trotz der weltweiten Verwerfungen in den 1920er Jahren veränderte sich letztlich erstaunlich wenig im politischen und sozialen Gefüge in den Ländern Lateinamerikas, was vielleicht den späteren, teils heftigen Ausbruch sozialer Konflikte in der zweiten Hälfte des 20. Jahrhunderts miterklärt. Die Verstädterung manifestierte sich als neues soziales Phänomen, ein Prozess, der auch heute noch unvermindert anhält und viele soziale Probleme in allen Ländern Lateinamerikas mit sich bringt. Nicht von ungefähr stützt sich (pseudo)revolutionäre Politik wie der Peronismus oder *Chavismo* auf die marginalisierten Massen in den Städten und vernachlässigt die ländlichen Gebiete (trotz aller Rhetorik über Landverteilung). Kolumbien bleibt mit ihren ländlich geprägten FARC[160] eher eine Ausnahmeerscheinung im revolutionären Prozess. „Das frühe 20. Jahrhundert war in Lateinamerika eine Epoche des gesteigerten Nationalismus, der

---

[160] *Fuerzas Revolucionarias de Colombia*, eine linke Guerrilla.

vielerorts in einem ambivalenten Spannungsverhältnis zu den zeitgleich ablaufenden Prozessen der ‚Nordamerikanisierung' - verstanden als Kontakt mit den neuartigen Medien und Produkten der Massenkultur – stand. Neben diesen Veränderungen stehen jedoch auch die Kontinuitäten oligarchischer Herrschaft, die in vielen Fällen weiter dominierte und in anderen nur oberflächlich überlagert wurde."[161]

Ein weiterer wichtiger Verfechter des lateinamerikanischen Nationalismus war der mexikanische Autor José Vasconcelos (1882-1959). Er widmete einen Großteil seiner Tätigkeit der Errichtung von öffentlichen Bibliotheken in Mexiko und steht damit in der Tradition der Betonung der Ausbildung für politische Zwecke. Gleichzeitig stand er in der Tradition von Martí und Rodó und machte Lateinamerika zum Angelpunkt seiner Überlegungen.[162] Nach einer Reise durch Südamerika zu Beginn der 1920er Jahre war er überzeugt, dass der Subkontinent die Wiege einer neuer Zivilisation sein werde. 1925 schrieb er einen etwas wirren Aufsatz mit dem Titel *La raza cósmica* (Die kosmische Rasse). Schon seit der Schlacht von Trafalgar, ja schon seit dem Sieg über die Armada, seien Spanien und Lateinamerika auf verlorenem Posten gewesen, nicht erst seit 1898. „Der Kampf

---

[161] Rinke et al., Geschichte Lateinamerikas, S. 131.
[162] Ausführliches Kapitel zu Vasconcelos in Krauze, Redentores, S. 65-103.

zwischen romanischer und angelsächsischer Kultur um Institutionen, Ziele und Ideale bestimmt auch unser Jahrhundert. Er ist die Fortführung eines Jahrhunderte währenden Konflikts, der mit dem Untergang der unbesiegbaren Armada seinen Ausgang nahm und sich mit der Niederlage von Trafalgar noch verschärfte. Heute wird dieser Konflikt jedoch in der Neuen Welt ausgetragen. Die Niederlagen von Santiago de Cuba, von Cavite und Manila [im Krieg von 1898] sind späte, aber logische Folgen der Vernichtung der Armada und des Sieges der Engländer bei Trafalgar. Da in der Geschichte Jahrhunderte wie Tage zählen, ist es nicht verwunderlich, dass wir immer noch unter dem Eindruck dieses Traumas stehen. ... Die Niederlage löste eine allgemeine Verunsicherung hinsichtlich der Wertvorstellungen und Ideen aus; die Diplomatie der Sieger ist seit jeher darauf bedacht, uns zu übervorteilen, und die Wirtschaft ködert uns mit kleinen Vorteilen. Unserer einstigen Größe beraubt[163], sind wir stolz auf einen ausschließlich nationalen Patriotismus und dabei blind für die Gefahren, die unsere gesamte Rasse bedrohen. Wir verraten uns gegenseitig. ... Wir wurden nicht nur auf dem Schlachtfeld besiegt, auch was das politische Selbstverständnis betrifft, sind wir Verlierer. Die größte Niederlage besteht eigentlich darin, dass jeder einzelne lateinamerikanische Staat seinen eigenen, von den

---

[163] Dies ist ein immer wiederkehrendes Thema bei der Selbstreflexion Lateinamerikas.

übrigen iberoamerikanischen Ländern getrennten Weg einschlug. ... Dieser Kontrast zwischen angelsächsischer Einigkeit und lateinamerikanischer Anarchie und Zersplitterung wird von uns gar nicht wahrgenommen. ... Wir sollten begreifen, dass es ein folgenschwerer Irrtum war, dass wir nicht so geeint und konsequent vorgegangen waren wie die Nordamerikaner, dieses erstaunliche Volk, *das wir nur deshalb so verachten und verdammen, weil es in dem Jahrhunderte währenden Konflikt immer der Überlegene blieb. ... Die Nordamerikaner verfügen über ein klares Bewusstsein von ihrer historischen Rolle, während wir uns immer wieder im Labyrinth unserer Tagträume verlieren.*"[164] Die Botschaft ist klar: nur wenn alle Länder Lateinamerikas vereint sind, können sie gegen die USA ankommen. Dies ist ein Topos, den Chávez immer wieder aufgriff.

Mit dem Erstarken der USA nach Sieg gegen Spanien 1898 stellte sich Lateinamerika nicht nur politisch der Herausforderung, sondern auch intellektuell. Eine Reihe einflussreicher Denker versuchte, die neue Situation einerseits verständlich zu machen, andererseits Möglichkeiten der Reaktion aufzuzeigen. Da man

---

[164] Zitiert in Rama, Der lange Kampf Lateinamerikas, S. 140-157. Hervorhebungen von mir. Dem unheilvollen Geist der Zeit entsprechend legt Vasconcelos übergroßen Wert auf „Rasse" und hat auch abstruse Vorstellungen von der Frühgeschichte der Menschheit, wodurch der Großteil des Aufsatzes eine seltsame Lektüre darstellt. Der Aufsatz ist dennoch ein wichtiger Teil der lateinamerikanischen Auseinandersetzung mit dem mächtigen Nachbarn im Norden.

machtpolitisch, wirtschaftlich und technologisch gegenüber den USA ins Hintertreffen geraten war, begann man sich in Lateinamerika der eigenen kulturellen Werte und Traditionen, ja Überlegenheit gegenüber den USA zu besinnen. Dies alleine reichte nach Auffassung vieler Denker nicht aus, sondern gleichzeitig müsse Lateinamerika politisch geeint sein, um die Gefahr aus dem Norden zu dämmen. Das Selbstverständnis Lateinamerikas als Hort der geistigen Überlegenheit und die Notwendigkeit der Einheit waren tief im Denken von Chávez verhaftet und formten seine politischen Vorstellungen. An der Einheit Lateinamerikas ist Chávez gescheitert, wie alle vor ihm.

Die Weltwirtschaftskrise der 1930er Jahre traf auch Lateinamerika stark, was zahlreiche Umstürze bzw. die Geburt von populistischen Massenbewegungen zur Folge hatte.[165] An den macht- und damit gesellschaftlichen Strukturen änderte sich allerdings wenig, die Masse der Bevölkerung blieb arm und ohne Einfluss auf die Politik. Was sich änderte, war die Entstehung einer neuen politischen Kultur, in der der *Populismus* zum Träger des Staates wurde, der soziale Leistungen und Versprechen gegen Stimmen eintauschte. In der Folge war die Politik in Lateinamerika geprägt vom Kampf linker „national-populärer" Regierungen und rechten Militärdiktaturen.[166] Viele der Populisten stellen sich auch gegen die traditionellen Eliten, so beispielsweise Perón in Argentinien, für Chávez wird diese Haltung eine der Grundlagen seiner Politik werden. Erstmals werden auch die breiten Massen in das politische Leben einbezogen, einerseits die sich entwickelnde Mittelschicht, andererseits die urbanen Massen in den ausufernden Metropolen. Entwicklung, Fortschritt, Industrialisierung und die Überhöhung der Nation waren die neuen Ideen – die Moderne hielt Einzug.[167] Die Populisten stellen sich gegen liberale Konzepte in der Wirtschaftspolitik – nationale Gefühle bedingen, dass die soziale und wirtschaftliche Entwicklung in einer *autarken* Wirtschaft

---

[165] Rinke et al., Geschichte Lateinamerikas, S. 132.
[166] Bustamente, Chávez, Pos. 105.
[167] Ibidem.

erfolgen soll. Dies ist der Beginn des *Staatsinterventionismus* in der Wirtschaft. Die Führungspersönlichkeiten entwickelten messianische Züge, es prägt sich eine stark personalisierte Führerschaft aus, die von Max Weber (1864-1920; deutscher Soziologe, Jurist und Nationalökonom) als „charismatisch" definiert wurde.[168] Für Weber handelt es sich beim Charisma um eine außergewöhnliche Eigenschaft, die einen magischen Ursprung hat. Der Träger von Charisma hat besondere Kräfte, die fast übernatürlich sind. Der „*Caudillo mago*"[169] hat eine demiurgische Verbindung mit dem Volk, er schafft eine neue Ordnung und ist somit ein Prometheus, daher nicht notwendigerweise ein Pragmatiker. Der Populismus verspricht die Verwirklichung der versprochenen Ziele ohne komplizierte Institutionen und ohne Verzögerungen.[170] Chávez ist der Archetyp eines charismatischen Populisten, er regiert gerne durch Dekrete bzw. ließ sich vom Parlament mehrmals für lange Perioden mittels Ermächtigungsgesetzen (*Leyes habilitantes*) die Möglichkeit geben, alleine, also ohne Befassung des Parlamentes, Gesetze zu erlassen. Nur so konnte er den Umbau des Staates rasch und effizient durchführen. Der *Chavismo* kann als eine Neuauflage des althergebrachten Populismus unter den Bedingungen einer Krisensituation angesehen werden. Diese

---

[168] Ibidem, Pos. 139.
[169] Der magische, also verzaubernde, *Caudillo*.
[170] Ibidem, Pos. 191.

Form der Machtausübung ist die Mischung eines autoritären Regimes und der Demokratie, welche durch eine (numerische) Erweiterung der Bürgerbeteiligung entsteht, wobei die Bürger gleichzeitig in ihre Schranken gewiesen werden.[171]

Venezuela blieb während der Weltwirtschaftskrise relativ stabil, zumal auch die Exportwirtschaft – Öl – nach der Krise des Ersten Weltkrieges und den Schwierigkeiten der 1920er Jahre doch wieder rasch anzog und somit dem Land eine tiefgreifende Krise erspart blieb. Eine für uns wichtige Folge der Krise war, dass „charismatische Staatsmänner wie Getúlio Vargas (1882-1954) in Brasilien, Lázaro Cárdenas del Río (1895-1970) in Mexiko und später Juan Domingo Perón (1895-1974) in Argentinien der Politik ein neues Gesicht verliehen. Breitere soziale Schichten wurden durch populistische sozialpolitische Maßnahmen angesprochen, Gewerkschaften in ein Abhängigkeitsverhältnis zu Regierungen gebracht."[172] Aufgrund der Wirtschaftskrise und damit verbundenen hohen Arbeitslosigkeit in Europa in den, die zur Verbreitung von Diktaturen führte, versuchten die USA, die Länder Lateinamerikas durch die Politik der „Guten Nachbarschaft" an sich zu ziehen und ein Gegengewicht zu den totalitären Tendenzen zu schaffen.[173] Das Misstrauen gegenüber

---

[171] Ibidem, Pos. 220.
[172] Rinke et al., Geschichte Lateinamerikas, S. 177.
[173] Zu diesem Absatz s. ibidem, S. 177f.

den USA blieb aber in weiten Teilen Lateinamerikas bestehen, erst der Angriff Japans auf die USA im Jahre 1941 erhöhte wieder das Sicherheitsbedürfnis im Süden und führte damit zu einer Annäherung an die USA. Die meisten Länder Lateinamerikas brachen ihre Beziehungen zu den Achsenmächten ab und erklärten diesen den Krieg. Die Zerstörungen in Europa wiederum führten dazu, dass auch nach dem Zweiten Weltkrieg die wirtschaftliche und damit politische Abhängigkeit gegenüber den USA ungebremst zunahm. Der beginnende Kalte Krieg schließlich veranlasste die USA, Diktaturen zu unterstützen, sofern diese politisch auf der Seite der USA blieben – ein Rechtsruck war die Folge. Der Kalte Krieg führte auch zum bislang *einzigen politischen Zusammenschluss aller Länder des Kontinents*. Die Organisation Amerikanischer Staaten (OAS) wurde 1948 als Bollwerk gegen die kommunistische Gefahr geschaffen und damit gleichzeitig die Vorherrschaft der USA bestätigt.[174] Gerade die OAS war für Chávez immer ein Reibebaum in seinen Auseinandersetzungen mit den USA, er widersprach ständig und vehement dem alleinigen Führungsanspruch der USA in der westlichen Hemisphäre.

---

[174] Daher wurde auch Kuba nach der Machtübernahme durch Fidel Castro aus der OAS ausgeschlossen, bis zum heutigen Tage. Auch dies war für Chávez immer ein Grund, die OAS zu verdammen und alternative Regionalorganisationen unter Ausschluss der USA zu schaffen.

In der Zeit des Kalten Krieges wurde Lateinamerika, wie andere Regionen auch, Schauplatz ideologischer Auseinandersetzungen, der gleichzeitig linken und rechten Strömungen Auftrieb gab. Dies mündete auch in eine gesteigerte Gewaltbereitschaft, die sich in vielen Guerilla-Bewegungen und in theoretischen Rechtfertigungen von Gewalt manifestierten. Die kubanische Revolution ist dabei nur das prominenteste Beispiel. Der gleichzeitige Prozess der fortgesetzten Landflucht und der Industrialisierung trug in wesentlichem Maße zum Aufbau sozialer und politischer Spannungen bei. Strömungen wie die Befreiungstheologie lieferten wichtige Impulse für gesellschaftspolitische Überlegungen. Linke Strömungen und die durch linke Politiker erfolgte Machtübernahme in einer Reihe von Ländern Lateinamerikas riefen die USA auf den Plan, die in den 1950er Jahren Bolivien und Guatemala intervenierten oder in den 1970er Jahren in Chile und Nicaragua. Kuba blieb die Ausnahme, bei denen die USA bis heute nichts gegen die marxistische und anti-imperialistische Politik von Fidel Castro ausrichten konnten. Dadurch hat Kuba eine ungebrochene wichtige Strahlkraft und Vorbildwirkung für alle linken Politiker in Lateinamerika. In vielen Ländern führte die Bedrohung linker Machtübernahmen zu rechtsgerichteten, teils brutalen Militärdiktaturen, die linke Strömungen unterdrücken, aber nicht beendigen konnten. Venezuela stand dabei weniger im Vordergrund was theoretische oder praktische Antworten auf die Probleme betraf, die allgemeinen Trends wirkten sich aber natürlich auch auf das Denken in Venezuela aus.

Kaum schien es für die USA, dass der Hinterhof unter Kontrolle sei und man sich alleinig der Auseinandersetzung mit der Sowjetunion widmen könne, war es zum wiederholten Male Kuba, das eine völlig neue Dynamik in den Beziehungen zwischen dem Norden und dem Süden verursachte. Dieser Konflikt ist auch für das Selbstverständnis und die Politik von Chávez von essentieller Bedeutung: es handelt sich natürlich um die Revolution unter der Führung von Fidel Castro (geb. 1926). Einer der strahlenden Sterne dieser Revolution ist neben Castro sein aus Argentinien stammender Weggefährte Ernesto Che Guevara (1928-1967)[175], eine schillernde Figur, die sich in die Reihe der lateinamerikanischen *Erlöser* eingegliedert hat, mit globaler Wirkung bis heute. Neben seinen politischen und militärischen Taten spielt für die Erlöserrolle nicht nur das allgegenwärtige berühmte Porträt aus besseren Tage eine Rolle, sondern auch sein Foto, nachdem er in Bolivien exekutiert worden war: Ähnlichkeiten seines toten Körpers und Gesichts mit dem von Jesus werden von vielen nicht nur für eine oberflächliche

---

[175] Sein eigentlicher Name lautete *Ernesto Rafael Guevara de la Serna*. „Che" ist im argentinischen Spanisch eine sehr häufig verwendete Anrede einer Person, die so viel wie Kumpel, Freund, Kollege bedeutet. Wie alle Argentinier verwendete auch Che Guevara seinen Mitkämpfern gegenüber derart oft, dass er selbst bald nur mehr so genannt wurde.

Ähnlichkeit gehalten, zumindest hat es diese Wirkungskraft entfaltet, s. unten.

Krauze charakterisiert den Konflikt zwischen dem Norden und dem Süden prägnant: „Diese revolutionären Jahre [in Kuba] können nicht ohne den Anti-Amerikanismus in Lateinamerika verstanden werden. Die Ressentiments waren aber nicht im ganzen Subkontinent die gleichen. Im *Cono Sur* [das südliche Südamerika, Argentinien und Chile] las man *Ariel* von Rodó als einen Konflikt zwischen Kulturen: das hispanische Amerika gegen das (angel)sächsische, *Ariel* gegen *Caliban*. In Zentralamerika und der Karibik hingegen, wo die militärische, politische und kommerzielle Präsenz der USA vor allem ab 1898 immer stärker wurde bis sie erdrückte, sah man den Konflikt aus einem praktischen Blickwinkel: wie sollte man sich gegen diese Macht zur Wehr setzen, wie sie kanalisieren, begrenzen und gegebenenfalls bekämpfen. Vielleicht kein anderes Land durchlebte dieses Drama tiefgreifender als Kuba."[176] Die Einmischung der USA in alle Belange Kubas ging so weit, dass ein kubanischer Journalist bereits 1922 sagte: „Der Hass gegenüber den Yankees wird die Religion der Kubaner sein"[177], womit er wohl recht behalten hat. Der mexikanische Historiker Daniel Cosío Villegas schrieb 1947 prophetisch: „Es herrscht daher in

---

[176] Krauze, Redentores, S. 317f.
[177] Ibidem, S. 318.

Hispano-Amerika ein Misstrauen und eine Wut gegenüber den Vereinigten Staaten, schlafend, wie stilles, stehendes Wasser. Der Tag ... an dem vier oder fünf Agitatoren in jedem wichtigen Land Hispano-Amerikas eine Kampagne der Diffamierung und des Hasses gegen die Vereinigten Staaten beginnen, an diesem Tag wird ganz Lateinamerika vor Unrast kochen und wird zu allem bereit sein. Getragen von einer definitiven Mutlosigkeit, von einem entbrannten Hass, werden diese Länder, die schandvoll unterworfen sind, zu allem fähig sein: [sie werden] die Gegner der Vereinigten Staaten beherbergen, ermutigen und diese zu den erbittertsten Feinden machen. Und dann wird es kein Mittel geben, sie zu unterwerfen, ja sie nicht einmal einzuschüchtern."[178]

Aber nicht nur gegenüber Kuba verwendeten die USA den *Big Stick*: Washington setzte 1948 den demokratisch gewählten Präsidenten Venezuelas, Rómulo Gallegos (1884-1969), ab und installierten Militärdiktator Marcos Pérez Jiménez – nachdem es unter Gallegos erstmals in der Geschichte Venezuelas ein dreijähriges (!) demokratisches Intermezzo gegeben hatte. 1954 war die Reihe an Guatemala, wo die CIA gewaltsam den demokratisch gewählten Präsidenten, Jacobo Árbenz Guzmán (1913-1971), absetzte – dieser hatte sich gegen die brutale Durchsetzung der Interessen des US-Bananenmonopolisten

---

[178] Ibidem; die etwas blumige Sprache klingt auf Deutsch leider holpriger als im Original.

United Fruit Company zu wehren versucht. Che Guevara war Augenzeuge dieser Ereignisse in Guatemala und verurteilte diese natürlich. Die brutale Vorgangsweise sollte ihn stark prägen und vollends auf einen Anti-Yankee-Kurs bringen. Die Lunte war schon lange gelegt, es hatte nur der Funke gefehlt, um die Prophezeiung von Villegas zumindest teilweise zu erfüllen. In Che Guevara reifte die Erkenntnis, dass nur der bewaffnete Aufstand des Volkes den USA etwas entgegensetzen könne, „der Knüppel muss dem Knüppel antworten".[179] Schon früh hatte sich Che Guevara dem Sozialismus zugewandt, der bei ihm letztlich in den Kommunismus mündete. Bei seiner berühmten Motorradreise, die ihn in jungen Jahren durch Südamerika führte, lernte er die Armut und Rückständigkeit der breiten Massen kennen, was ihn zum lebenslangen Kampf gegen diese Zustände veranlasste. Für ihn war klar, dass die USA mit ihrer Wirtschaftspolitik einen großen Anteil an der Misere hatten und so ist es angesichts des ohnehin schon latenten Anti-Amerikanismus nicht verwunderlich, dass auch er diesen Weg, den Kampf gegen die herrschenden Verhältnisse, einschlug. In Peru lernte er das Inka-System des gemeinschaftlichen agrarischen Eigentums kennen, das für ihn einen nachahmenswerten ideologischen Gegensatz zum US-amerikanischen Verständnis von Eigentum darstellte. Angesichts der riesigen Bananenplantagen in Costa Rica, die

---

[179] Ibidem, S. 319.

ebenfalls der United Fruit Company gehören, schwört er: „Ich hatte die Gelegenheit, mich in den Bananenplantagen davon zu überzeugen, dass es nichts Schrecklicheres gibt, als diese kapitalistischen Kraken. Ich habe vor einem Bild des alten und beweinten Genossen Stalin geschworen, nicht zu ruhen, bis sie vernichtet sind."[180] Dieser Schwur erinnert an denjenigen Bolívars in Rom 1805 am Monte Sacro, mit dem wie oben erwähnt dessen revolutionäre Karriere begonnen hatte. Nach dem Putsch gegen Árbenz in Guatemala, der für Che Guevara eine Art Damaskus-Erlebnis war, ging er noch im gleichen Jahr 1954 nach Mexiko, wo er auf Fidel Castro traf; dieser bereitete dort die Invasion nach Kuba vor. Vermutlich gibt es in der Geschichte wenige Begegnungen zweier Männer, die eine derart explosive und nachhaltige Wirkung hatten wie die zwischen Castro und Che Guevara. Die Geschichte Lateinamerikas, seiner Beziehungen zu den USA, phasenweise zur ganzen Welt, sollte nie wieder dieselbe sein, ein definitiv anderer Weg wurde eingeschlagen. Che Guevara wurde zu einem der wichtigsten Kommandanten der Revolutionäre, ohne den die kubanische Revolution sicher einen anderen Verlauf genommen hätte.

Nach dem Sieg der Revolution übernahm Che Guevara die Verantwortung für die Wirtschaft, mit desaströsen Folgen.

---

[180] Ibidem, S. 324.

Lediglich die Unterstützung der Sowjetunion rettete das kubanische System während Jahrzehnten vor dem Kollaps. Che Guevara war der Ansicht, dass der Sozialismus aufgrund seiner inhärenten Moral dem kapitalistischen System überlegen sei – also wieder einmal *Ariel* gegen *Caliban*. Obwohl Marxist, sah er die Schaffung materieller Güter als nebensächlich an und wollte keineswegs eine zweite nordamerikanische, nämlich konsumorientierte, Gesellschaft schaffen.[181] Chávez ist ihm darin sehr ähnlich. Die Blockade der USA gegenüber Kuba trieb Castro direkt in die Hände der Sowjets – dies war vorauszusehen gewesen. Offenbar war die Enttäuschung in den USA über das Ende der „Dankbarkeit" Kubas gegenüber dem großen Bruder grösser als vernünftige strategische Überlegungen. Die Vorbildwirkung Kubas auf Chávez ist für das Verständnis seiner Politik im Inneren wie im Äußeren wesentlich. Ohne Castro kein Chávez. Ohne Che Guevara kein Castro. Ohne Che Guevara kein Chávez. Eine interessante wirtschaftspolitische Parallele sei erwähnt: aufgrund des US-Embargos verpflichtete sich die Sowjetunion, kubanischen Zucker in riesigen Mengen zu kaufen. Dies führte dazu, dass die kubanische Wirtschaft auf Diversifizierung und Industrialisierung verzichtete, wie dies von Castro ursprünglich vorgesehen war, und auf ein einziges Produkt reduziert wurde. Kurz vor dem Ende der Sowjetunion

---

[181] Ibidem, S. 333. Das ist ihm auch gelungen.

erwirtschaftete Kuba 90% (!) seines Außenhandels mit Zucker, der in die Sowjetunion exportiert wurde. Ähnliches erfolgte unter Chávez, der ebenfalls die Diversifizierung der venezolanischen Wirtschaft der Vorherrschaft des Erdöls opferte – mit dem Effekt, dass Venezuela heute von den Launen des Ölpreises - und dem Großimporteur USA - so abhängig ist wie nie zuvor in seiner Geschichte. Die Nationalisierung der kubanischen Wirtschaft beeinträchtigte US-Interessen in starkem Maße – im Batista-Regime vor Castro hatten die USA praktisch die gesamte kubanische Wirtschaft übernommen gehabt. Auch hier folgte Chávez mit seiner intensiven Verstaatlichungspolitik dem kubanischen Vorbild. Die unglückselige Invasion der Amerikaner in der Schweinebucht 1961 und der Sieg Castros, der persönlich den Befehl vor Ort führte, steigerte das Ansehen der kubanischen Revolution in Kuba und weltweit ins Unermessliche, David hatte gegen Goliath gewonnen. *Es war das erste Mal in der langen Beziehung zwischen dem Norden und dem Süden, dass sich der Süden erfolgreich militärisch durchsetzen konnte.* Unwichtig, dass die US-Invasion stümperhaft und in zu geringem Umfang vorbereitet gewesen war, es ging und geht um die Symbolik dieses Sieges. Es war also möglich, es dem „Koloss im Norden" zu zeigen – auch dies ein wichtiges Vorbild für Chávez. Wir dürfen nicht vergessen, dass es Castro war, der Chávez höchstpersönlich in Havanna wie einen Staatsgast empfing, als dieser noch ein unbedeutender Ex-Militär war, der gerade aus dem Gefängnis wegen eines Putschversuches entlassen worden war. Chávez verfiel Castro völlig und sah in ihm seinen geistigen Vater und sein großes politisches Vorbild. Man darf sicher sein, dass Castro in glühenden Worten erzählte, wie er die Yankees besiegt hatte und kann sich lebhaft vorstellen, wie dies Chávez in seinen eigenen Phantasien beflügelte.

Der selbstmörderische Weg Che Guevaras nach dem Bruch mit Castro gibt ihm eine messianische Aura, die in Lateinamerika immer eine wichtige Rolle spielt, wie wir auch bei Martí gesehen haben. „Mit größter Wahrscheinlichkeit ist es der christliche Weg zum Kalvarienberg, der der Schlüssel ist, sich der lebendigen Realität des mit 39 Jahren verstorbenen Guerilleros zu nähern. Fünf Jahrhunderte des katholischen Glaubens und der katholischen Ikonographie haben zur Erhebung zum Märtyrer entscheidend beigetragen. Kurz nach seinem Tod beginnen sein Leben, seine Ideen, seine Bücher Teil einer heiligen Geschichte zu werden, in der Junge die Kommunion mit ihm eingehen, die mit ihm die gleiche Versuchung nach dem Absoluten, den gleichen Glauben und Hass teilen, die mit ihm die gleichsam religiöse Hingabe zu Gewalt und Tod teilen. Während der 70er und 80er Jahre nimmt Lateinamerika am tragischen Zusammentreffen zwischen zwei Gespenstern der Vergangenheit teil: der allgegenwärtige und erdrückende Gigant des Nordens und der zurückgezogene und stolze Subkontinent des Südens. In der blutigen Schlacht der Regierungen (mehrheitlich demokratisch) gegen die anti-imperialistischen Revolutionäre, war Che Guevara der heilige Schutzherr der Guerilleros, der bewaffnete und verratene Prophet, das nachzueifernde Modell."[182] Er wurde nach seinem Tode in Lateinamerika zum Vorbild für eine ganze Generation von Jugendlichen - vor allem aus der Mittelschicht - die die Überwindung der miserablen Umstände nicht auf demokratischem oder politischem Weg ersehnten, sondern mittels einer „erlösenden Revolution." Che Guevara wurde so zum „Erlöser, der Erlöser schafft", ein *Abbild von Jesus Christus*.[183] Jean-Paul Sartre verstieg sich sogar zur Behauptung, Che Guevara sei der „vollständigste Mensch unserer Epoche".[184] Sein Mitkämpfer Régis Debray sagte über Che Guevara, dieser sehe sich als „als ein Christ in den Katakomben, der sich dem römischen Imperium, also Nordamerika, gegenübersah".[185] Wie auch Fuentes sieht Krauze darin das starke katholische Substrat Lateinamerikas, das in dieser Stärke kaum in anderen Regionen anzutreffen ist. Wie oben erwähnt, halfen die bolivianischen Behörden unwillentlich, den Jesus-Kult ins Leben zu rufen: das Beweisfoto seines Todes ähnelt dem Gemälde *Beweinung Christi* von Andrea Mantegna (1431-1506, s. Abb. 18 und 19). Che Guevara starb für seine Überzeugung, eine bessere Gesellschaft, einen besseren

---

[182] Ibidem, S. 347.
[183] Ibidem, S. 348.
[184] Ibidem.
[185] Ibidem.

Menschen zu schaffen und damit transponiert er sich in die katholische Betrachtungsweise des Kreuztodes von Jesus Christus, der aus eben denselben Gründen seinen Leidensweg auf sich nahm. Ironisch ist dieser Wandel unter dem Blickwinkel, dass sich Che Guevara, im Gegensatz zum Beispiel zu Castro, stets als Kommunist betrachtete. Ein ähnlicher Prozess ließ sich nach dem Tode von Chávez feststellen, wobei in diesem Falle auch noch ein Substrat an karibischen Kreolenreligionen zur Geltung kam. Auch Chávez opferte sich für die Schaffung einer besseren Gesellschaft und eines besseren Menschen, auch nach dem Ausbruch seiner Krebserkrankung ließ er nicht davon ab und verfolgte sein Ziel unermüdlich bis zu seinem letzten Atemzug. Vielleicht war ihm Che Guevara darin ein Vorbild, oder auch Martí, vielleicht in der Hoffnung, einen ähnlichen Status als Heiliger zu erreichen. Damit verbinden die Anhänger und Verehrer von Chávez natürlich auch, dass er selbst nach seinem Tode allgegenwärtig bleibt und sich in ihrem Sinne einsetzt und weiter die Geschicke Venezuelas lenkt. Chávez hat nie das Christentum oder den Glauben an Gott und Jesus Christus bekämpft, im Gegenteil, sondern nur die katholische Kirche als vermeintliche Vertreterin der „Oligarchie". Religion war auch unter Chávez ein wichtiger Bestandteil seines politischen Wirkens. In Lateinamerika gibt es unzählige als Heilige verehrte Personen (inkl. Drogenhändler), die von der katholischen Kirche zwar nicht anerkannt werden, aber eine wichtige Rolle in der Religiosität der breiten Massen spielen. Insofern ist es auch für

Politiker oder Guerilleros relativ leicht, in den Genuss einer Heiligenverehrung zu kommen.[186] Auch hier spielt der Gegensatz zwischen *Ariel* und *Caliban* hinein, eine Revolution wird in Lateinamerika nicht nur als ein politisches und soziales Ereignis betrachtet, sondern hat einen wichtigen spirituellen, geistigen Unterton. Fuentes blickte 1992 in die Zukunft: „Die beiden [USA und Lateinamerika] Kulturen koexistieren, nehmen Tuchfühlung auf, befragen einander. Wir haben zu viele gemeinsame Probleme, die Kooperation und Verständnis in einem neuen Weltzusammenhang [Ende des Kalten Krieges] erfordern, als dass wir weiter so viel streiten sollten wie bisher. Im Kampf gegen Drogenhandel, Verbrechen, Heimatlosigkeit und Umweltprobleme lernen wir uns näher kennen."[187]

Nach dem Ende des Kalten Krieges und der Militärdiktaturen in Lateinamerika und der beginnenden Globalisierung mussten die neuen Regime neue Antworten auf die bestehenden Probleme finden. Es entstand der Neopopulismus. „Viele traditionelle Parteien hatten sich entweder durch ihre Rolle in den Diktaturen diskreditiert oder wurden von der Schwächung des Staates in Mitleidenschaft gezogen. Es fehlte ihnen die Fähigkeit zur Erneuerung und zu flexiblen Antworten auf die Herausforderungen der neuen Globalisierung. Stattdessen führten

---

[186] Ibidem, 349f.
[187] Fuentes, Spiegel, S. 352.

Korruptionsvorwürfe vielerorts zu Parteienverdrossenheit. Diese Ausgangslage begünstigte den Aufstieg neuer politischer Bewegungen. ... Durch geschickte mediale Inszenierung gelang es ihnen, sich als starke neue Führungspersönlichkeiten und als Alternative zur verkrusteten Parteiendemokratie darzustellen. Einige dieser neuen *Caudillos* profitierten auch von ihrer Volksnähe, stammten sie doch oft aus nicht-privilegierten Schichten. Von Carlos Menem in Argentinien (1989-1999) bis Hugo Chávez in Venezuela (seit 1999) haben die mehr oder weniger erfolgreichen populistischen Experimente die Politik Lateinamerikas in den letzten Jahrzehnten geprägt."[188]

Das 20. Jahrhundert war stark von der Dichotomie zwischen den USA und Lateinamerika gekennzeichnet. Die rücksichtslose Einflussnahme der USA auf ihre südlichen Nachbarn in Zentral- und Südamerika sowie der Karibik hat dort starke links-nationale Gegenreaktionen hervorgerufen. Dieser Konflikt wurde nicht nur in der geistigen Domäne ausgetragen, sondern manifestierte sich auch in gewalttätigen Auseinandersetzungen, vor allem in Zentralamerika, dem unmittelbaren Hinterhof der USA. Die kubanische Revolution läutete ein völlig neues Kapitel in diesen Beziehungen ein, die Folgen sind bis heute spürbar. Chávez wuchs in dieser von starken Konflikten gekennzeichneten Epoche auf

---

[188] Rinke et al., Geschichte Lateinamerikas, S. 299f.

und wurde davon geprägt. Die heroischen Gestalten der Epoche wurden seine Vorbilder. Sein Kampf gegen die USA – von denen Venezuela gleichzeitig wirtschaftlich stark abhängig ist – folgte den Vorbildern Che Guevara und Castro und trug daher einen militanten Charakter.

Nach der Betrachtung einiger wesentlicher historischer und ideengeschichtlicher Entwicklungen des 20. Jahrhunderts die gesamte Region betreffend, kehren wir nun wieder zur venezolanischen Geschichte zurück.

Wie wir gesehen haben, setzte nach dem Tode Bolívars rasch dessen Rehabilitation ein, er wandelte sich vom Verräter zu einem militärischen Helden weiter zu einem kulturellen und Identität stiftenden Übervater, dessen Verehrung immer mehr die Züge einer Heiligenverehrung annahm und ihn zu einem Messias machte.[189] Nach dem bereits oben erwähnten venezolanischen Historiker Carrera Damas wurde der Bolívarmythos von *allen* Regierungen Venezuelas des 19. und 20. Jahrhunderts benutzt. Sie griffen dabei immer auf den Gründungsmythos Venezuelas zurück und erhofften sich somit, dass etwas vom Prestige Bolívars auf sie abstrahlte. Und dabei spielte es keine Rolle, ob die jeweilige Regierung links oder rechts war, diktatorisch oder demokratisch. Es folgt daraus, dass oftmals die Ideen Bolívars *uminterpretiert* worden sein müssen, denn so vielseitig konnte er klarerweise nicht gewesen sein – *die Manipulation des Erbes von Bolívar gehört somit zu einer bald zweihundertjährigen Tradition im politischen Denken Venezuelas.*

---

[189] Zur geistigen Geschichte von Bolívar nach dessen Tod und deren Bedeutung für Venezuela und Chávez sowie die Geschichte des 20. Jahrhunderts Venezuelas s. Bustamente und Salinas Cañas, Bolívar según Chávez, Kapitel I und II. Zur Geschichte Venezuelas ab der Mitte des 20. Jahrhunderts s. Zeuske, Von Bolívar zu Chávez, 404-448.

Spätestens mit der erwähnten Überführung der Gebeine des Libertadors nach Caracas, beginnen der Bolívar-Mythos und dessen Ausbeutung für das jeweilige Regime. Die Präsidenten Antonio Guzmán Blanco (1870-1888) und Juan Vicente Gómez (1908-1935) führten zahlreiche Bolívar-Gedenktage ein und förderten damit entscheidend den Kult. Gómez bezeichnete sich stolz als „bolivarianischer" Präsident[190], eine Bezeichnung also, die nicht erst von Chávez erfunden wurde, sondern eine längere Tradition hat. Gómez gilt als letzter *Caudillo* des 19. Jahrhunderts und gleichzeitig erster moderner Präsident Venezuelas. Unter seiner Präsidentschaft finden drei wichtige Entwicklungen statt: einerseits der Wandel des Landes von der Agrarwirtschaft hin zu einer urbanisierten Struktur. Zweitens das Ende der klassischen Elite-Parteien, die im 19. Jahrhundert eine große Rolle gespielt hatten, also weg von Liberalismus und Konservativismus hin zu modernen Parteien. Gómez verfolgte erstmals in der Geschichte Venezuelas die Errichtung eines zentralisierten und monolithischen Staates, wobei der Fokus auf einem bürokratischen System liegt.[191] Hierin war er für Chávez Vorbild. Drittens, und von fundamentaler Bedeutung für die weitere Geschichte bis zum heutigen Tag, war die Entdeckung von Erdölquellen unvorstellbaren Ausmaßes im Maracaibo-See im

---

[190] Bustamante, Pos. 897.
[191] Ibidem, Pos. 1117.

Westen Venezuelas. Seither gilt eine einfache politische Grundregel in Venezuela: *Die Zyklen des Preises für Erdöl beeinflussen direkt die Legitimität und Regierungsfähigkeit der jeweiligen politischen Führung.* Das politische System bezieht seit der Entdeckung der Ölquellen seinen Rückhalt beim Volk *alleinig* aus den Verteilungsmöglichkeiten des Staates.[192]

Präsident Eleazar López Contreras (1935-1941) gründete bolivarianische Gruppen - *Asociaciones Cívicas Bolivarianas* - und erhob den Bolívar-Kult zu einer Art Staatsreligion. Auch hier folgte Chávez somit einem historischen Vorbild, als er selbst die Bolivarianischen Zirkel - *Círculos Bolivarianos* gründete, um die Bürger an den Kult von Bolívar zu binden. Beide versuchten damit, divergierende Meinungen - vor allem was das wirkliche Erbe Bolívars betraf - zu überdecken. Niemand darf an der jeweils vorgegebenen Interpretation des Gründungsmythos rütteln.

Diktator General Marcos Pérez Jiménez (1948-1958) war das erste Opfer eines fallenden Ölpreises. Er hatte versucht, mit einer erzwungenen Modernisierung die Lage des Volkes zu verbessern, das jedoch trotz allen Reichtums weiterhin in Armut verharrte. Sein diktatorisches Regime stieß aber auf solche Ablehnung bei den Eliten, dass diese nicht nur seinen Sturz betrieben, sondern in dessen Gefolge das politische System auf eine neue Grundlage

---

[192] Ibidem, Pos. 1129.

stellten, die bis zur Präsidentschaft von Chávez Gültigkeit hatte. Es handelt sich um den sogenannten *Punto-Fijo-Pakt*[193], der am 31. Oktober 1958 von einigen wenigen Angehörigen der Elite geschlossen wurde, ohne zunächst die Bevölkerung von dieser Abmachung zu informieren. Aufgrund des Paktes wurden die Hauptspieler des politischen Systems die beiden Parteien *Acción Democrática* (in etwa sozialdemokratisch) und COPEI[194] (eher konservativ), die sich gegenseitig stützten und alle anderen Parteien, insbesondere die Kommunisten, von der Macht ausschlossen. Die Armee wurde ebenfalls aus dem politischen System ausgeschlossen, man hatte genug von Militärs mit diktatorischen Methoden. Der Pakt hatte zur Folge, dass die beiden Parteien nicht nur alternierend die Regierung stellten, sondern in alle Bereiche des Staates und der Gesellschaft vordrangen. Nur wer Mitglied oder Anhänger einer der beiden Parteien war, konnte auf Arbeit oder soziale Leistungen hoffen. Seit dem Ende der 1950er Jahre waren, dem Beispiel Castros folgend, linke Guerillas in Venezuela aktiv[195]; dies vor allem deswegen, weil eben die kommunistische Partei aus dem System

---

[193] Punto Fijo hieß ein Anwesen des COPEI-Politikers Rafael Caldera, wo der Pakt geschlossen wurde.
[194] COPEI ist die Abkürzung für *Comité de Organización Política Electoral Independiente,* Unabhängiges politisches Komitee für die Organisierung von Wahlen.
[195] Diese Auseinandersetzungen zwischen linken Guerillas und dem Staat führte auch zu der oben kurz erwähnten Episode, in der Castro 1967 eine Handvoll Truppen nach Venezuela entsandte.

ausgeschlossen war und somit linke Ideen nicht friedlich eingebracht werden konnten. Durch interne Spaltungen versanken die Kommunisten als politische Partei auch bald in der Bedeutungslosigkeit. Die Armee war zwar aus dem politischen System gedrängt, musste aber immer wieder aufgrund der Guerillas für die Aufrechterhaltung der Ordnung herangezogen werden, wobei teils auch brutale Mittel angewandt wurden, bis hin zu „Todesschwadronen". Die Armee erhielt damit de facto ein Monopol über die staatliche Gewalt.[196] Darin lag die Saat für die wieder erstarkende Rolle der Armee, aus der Chávez entstammte. Die grassierende Korruption tat das Ihre, um die Legitimität der Regierung (egal, welche der beiden Parteien sie stellte) zu untergraben.

1976 schließlich wurde das Öl verstaatlicht, wodurch der Staat seine Dominanz noch weiter ausbaute. Durch den Ölschock 1973 explodierten die Ölpreise und damit stieg auch die Erwartungshaltung der Bevölkerung gegenüber dem Staat – dieser hatte nun keinerlei Ausrede mehr, nicht für eine Verbesserung der allgemeinen Lebensumstände zu sorgen. Solange der Ölpreis hoch war, stellte dies auch kein Problem dar und das System funktionierte zunächst ohne größere Verwerfungen. Venezuela galt in dieser Phase als Musterland der wirtschaftlichen

---

[196] Zeuske, Von Bolívar zu Chávez, S. 417.

Entwicklung und der Demokratie. In der Aussicht, sämtliche Kredite immer zurückzahlen zu können, verschuldete sich Venezuela im Ausland massiv, um soziale Programme und gigantische Infrastrukturprojekte wie den damals größten Staudamm der Welt, Guri, zu bauen.

Der Verfall der Ölpreise 1983 läutete das Ende dieser Phase der Geschichte Venezuelas ein. Präsident Luís Herrera Campíns (1979-1984) sah sich schließlich zu einer wirtschaftlichen Schocktherapie veranlasst, was zu einem drastischen Anstieg der Arbeitslosigkeit, zu sinkenden Löhnen und Investitionen führte. Die Regierung sah sich auch gezwungen, die bis dahin künstlich zu hoch bewertete Währung abzuwerten und erklärte den Staatsbankrott. Die hohe Kaufkraft der Währung war ein wichtiger Faktor für das Wohlwollen der Bevölkerung gegenüber der Regierung gewesen: die besser gestellte Schicht, die durch die Verteilungspolitik zahlenmäßig stetig zugenommen hatte, konnte billig ins Ausland reisen und dort billig einkaufen.[197] Aus Angst vor sozialen Unruhen konnte die Regierung die eigentlich nicht

---

[197] Ähnliches passierte auch im Argentinien der Menem-Jahre – ein künstlich hoch gehaltener Wechselkurs bis das Spiel vorbei war und das Land wegen der durch den Kapitalabfluss verursachten Zahlungsunfähigkeit und Abwertung Ende 2001 ins völlige Chaos stürzte. Ein wesentlicher Faktor für den Sturz des damaligen Präsidenten Fernando de la Rua war exakt dasselbe Problem, mit dem sich Venezuela in den 1980er Jahren konfrontiert sah. Menem hätte also wissen müssen, was eine dauerhafte Überbewertung bedeuten musste.

mehr leistbaren Sozialleistungen nicht einstellen; dennoch nahm die Armut durch Ineffizienz und Korruption zu und gleichzeitig öffnete sich die Einkommensschere immer weiter. Die Unzufriedenheit stieg in allen Bereichen der Gesellschaft, die Politik, insbesondere das *Punto-Fijo*-System der beiden Elitenparteien erlitt einen Vertrauensverlust, vor allem weil auch die armen Schichten, welche immer die überwiegende Mehrheit der Bevölkerung stellten, keine wirkliche politische Vertretung hatten. Durch die Umverteilung nach oben entwickelte sich eine Polarisierung der Gesellschaft, dies also schon lange vor Chávez, der die eklatanten Unterschiede zwischen Arm und Reich stets politisierte und zur Festigung seiner Herrschaft ausnutzte. Die Kriminalität stieg, Grundnahrungsmittel und die gesundheitliche Versorgung waren für fast dreiviertel der Bevölkerung kaum noch leistbar. Dazu gesellte sich die grassierende Korruption, die bei knapper werdenden Ressourcen immer größere Ausmaße annahm. Gleichzeitig schafften die Eliten Kapital ins Ausland. All diese Themen sollten beim Wahlkampf von Chávez 1999 eine zentrale Rolle spielen. Praktisch die gesamten Einnahmen aus dem Ölexport mussten für die Tilgung von Schulden aufgewandt werden. Als der Ölpreis Ende der 1980er Jahre weiter fiel, war die Situation reif für eine Explosion.

1989 sank das BIP um 9%, die Inflation betrug 81%, die offizielle Arbeitslosigkeit lag bei 10% (in Wahrheit viel höher), die

Einkommen sanken um 11%, es handelte sich um die schlimmste Rezession, die Venezuela je erlebt hatte. Venezuela konnte zum wiederholten Male Schulden nicht begleichen und es folgte das übliche IWF-Programm: die Folge waren drastische Preisanstiege vor allem für Lebensmittel und Benzin sowie ein allgemeiner Einbruch im gesamten Wirtschaftsleben. Der Funke sprang am 26. Februar 1989 über, als die Verdoppelung der Treibstoffpreise auch zu einer Verteuerung von Bus-Überlandfahrten führte. Es kam zu spontanen Plünderungen und Unruhen in weiten Teilen des Landes.[198] Präsident Carlos Andrés Pérez (zweite Amtsperiode 1989-1994) ergriff harsche Maßnahmen gegen die Proteste und setzte das Militär ein – die Folge waren 3000 bis 4000 Tote innerhalb weniger Tage. Der Schock der Ereignisse bedeutete letztlich das Ende der traditionellen Politik. Bis heute ist die arme Bevölkerungsschicht von den damaligen Parteien Demokratische Aktion und COPEI völlig entfremdet und dies wird sich mit den aktuellen Politikern dieser heutigen Oppositionsparteien auch nicht so bald ändern. In den Ereignissen des *Caracazo*, wie dieser Ausbruch der staatlichen

---

[198] Zeuske, Von Bolívar zu Chávez, S. 439. Venezuela ist heute in einer sehr ähnlichen Situation: Der Preis für Benzin und Diesel, die praktisch kostenlos sind, müsste eigentlich drastisch angehoben werden. Schon Chávez hatte dies mehrmals angedeutet, das Beispiel 1989 steckt aber so tief in den Knochen, dass die Regierung sich scheut, die notwendigen Eingriffe zu tätigen. Es dürfte nur eine Frage der Zeit sein, bis die Wirtschaft wieder kollabiert. Die Folgen werden katastrophal sein.

Gewalt und des Zusammenbruchs der öffentlichen Ordnung noch heute mit Schaudern genannt wird, liegt die Wurzel der danach folgenden Politik, der Rhetorik und des Verhaltens von Regierung, Opposition und Volk. War die Unabhängigkeit die Geburt Venezuelas, lässt sich die Geburt des heutigen Venezuela auf die Ereignisse des Februar 1989 direkt datieren. Das *Punto-Fijo*-System überlebte zwar noch ein Jahrzehnt, der Aufstieg von Chávez hat aber hier unwiderruflich seinen Ursprung, auch wenn er zu diesem Zeitpunkt noch keinerlei politische oder öffentliche Rolle gespielt hatte. Die Umstände ermöglichten es, dass ein Offizier wie Chávez dazu tendierte, die Übel in der Gesellschaft zu bekämpfen. In der Armee herrschte nämlich große Unruhe aufgrund des als ungerechtfertigt empfundenen brutalen Einsatzes der Armee gegen das Volk. Dies traf vor allem auf die unteren Offiziersränge zu, also genau auf die Gruppe, der auch Chávez angehörte. Es kam zur Gründung von illegalen Diskussionsgruppen und Chávez, der schon früh Werke von Marx und Lenin gelesen hatte, sah wie viele andere Offiziere in der Armee den Anwalt des Volkes und nicht den Handlanger der verhassten Eliten, die eben gerade im Auftrag dieser Eliten mehrere tausend Zivilisten brutal ermordet hatte. Schon der Militärputsch gegen den sozialistischen chilenischen Präsidenten Allende 1973 löste in Chávez - er war damals gerade 19 Jahre alt - eine große Empörung gegen eine Armee aus, die rechtsgerichtet war. 1977 gründet er als Geheimbund die Bolivarianische Armee des Volkes von Venezuela (*Ejército Bolivariano del Pueblo de Venezuela*) und arbeitete seither daran, das verhasste politische System zu stürzen. Auf diese Weise wurde die Armee, die vierzig Jahre aus der Politik gehalten wurde, wieder ein Faktor in der Politik. Dies muss sicherlich als eines der Versagen der *Punto-Fijo*-Politiker gewertet werden.

Die Wirtschaftslage verschlechterte sich weiter, die Regierung sah sich vom IWF zu umfangreichen Privatisierungen angehalten, der Neoliberalismus hielt ungehindert Einzug. Es gab Einschnitte im sozialen System, die Inflation stieg weiterhin rasant an, kurz, das Land stand am Rande des Kollaps. Am meisten betroffen waren natürlich die armen Schichten, die nie Geld gehabt hatten, welches sie ins Ausland hätten schaffen können, sie hatten ja kaum das Notwendigste zum Leben. Gleichzeitig wurde das Vermögen der Reichen nicht angetastet – diese stellten die Regierung und hatten kein Interesse daran, sich selbst zu besteuern – und es wurde viel Kapital ins sichere Ausland transferiert, es gab keinerlei Zusammenhalt der Gesellschaft mehr.

Am 4. Februar 1992 unternahm eine kleine Gruppe von Offizieren einen Putschversuch, getragen von der Revolutionären Bolivarianischen Bewegung, dem *Movimiento Bolivariano Revolucionario*. Einer ihrer Anführer war Chávez. Der Aufstand dauerte nicht lange und konnte von der restlichen Armee, die immer noch auf die Eliten hörte, rasch unter Kontrolle gebracht werden. Chávez sah schnell die Niederlage ein und war nicht bereit, zu diesem Zeitpunkt, wo er noch nichts erreicht hatte, sein Leben für eine aussichtslose Sache zu opfern – darin folgte er zunächst nicht seinen Vorbildern Martí und Che Guevara. Chávez willigte in eine PR-Aktion der Regierung ein, die sich als fataler Bumerang für diese erweisen sollte. Die Regierung wollte nämlich einen der Anführer des Putsches öffentlich die Niederlage eingestehen lassen, um die noch rebellierenden Soldaten in anderen Landesteilen zur Aufgabe zu bewegen. In einer kurzen Stellungnahme, noch in der Nacht desselben 4. Februar, die landesweit ununterbrochen wiederholt wurde, räumte Chávez ein, dass der Putsch fehlgeschlagen sei, übernahm die Verantwortung (was er nicht hätte tun müssen und auch nicht verlangt worden war) und gestand ein, dass man die angestrebten Ziele *vorerst* nicht erreicht habe. „*Por ahora*" – vorerst – wurde zum magischen Wort, das die Massen elektrisierte. Der Putsch war zwar gescheitert, die Hoffnung, dessen Ziele – nämlich die Verbesserung der Situation des Volkes - dennoch eines Tages zu erreichen, strahlte aber unübersehbar am politischen Himmel. Chávez kam zwar ins Gefängnis, sein Mythos war aber geboren. In der Bevölkerung rechnete man ihm nämlich hoch an, dass er sich nicht vor seiner Verantwortung gedrückt hatte – ein Vorwurf, dem sich damals praktisch alle Politiker ausgesetzt sahen. Umso beeindruckender daher die Haltung von Chávez. In nur wenigen Sekunden konnte er ein frühes Beispiel seines rhetorischen Talentes und seiner

Weitsicht demonstrieren. Die Geburtsstunde des *Chavismo*, des von ihm geschaffenen politischen Systems, liegt in diesem Fernsehauftritt, als Chávez vermeintlich am Tiefpunkt angelangt war. Trotz all der damaligen Umstände, die einen Politiker wie Chávez grundsätzlich begünstigten, hätte die Geschichte auch völlig anders verlaufen können. All die Vorstellungen der ewigen Suche nach dem Paradies, der Geburt eines Helden, eines rettenden Messias kristallisierten sich in diesen wenigen Augenblicken und in der Person von Chávez.

Der geringe restliche Rückhalt von Carlos Andrés Pérez in der Bevölkerung erodierte im Gefolge des *Caracazo* und der fortgesetzten wirtschaftlichen Schwierigkeiten weiter und in den seinen eigenen Reihen reifte die Erkenntnis, dass er politisch tot war. So wurde er am 31. August 1993 seines Amtes enthoben. Es wurde deutlich, dass nicht nur das Band zwischen Regierung und Volk zerrissen war, sondern auch der Zusammenhalt innerhalb der Elite brüchig geworden war.[199] Als sein Nachfolger wurde 1994 zwar nochmals ein langjähriger Nutznießer des *Punto-Fijo*-Systems gewählt, Rafael Caldera (1994-1998). Aber auch er sah sich veranlasst, die bisherige Wirtschaftspolitik der Kürzung von Sozialleistungen und strikter Fiskalpolitik fortzusetzen. Die Arbeitslosigkeit, Inflation und allgemeine schlechte Lage konnte

---

[199] Zeuske, Von Bolívar zu Chávez, S. 445.

auch er nicht in den Griff bekommen. Die Zeit war reif für einen fundamentalen Wechsel.

Chávez war nach dem Putschversuch 1992 zu sieben Jahren Haft verurteilt worden, aber schon 1994 von Caldera aus der Haft entlassen. Dieser wollte damit nach seinem Amtsantritt ein Zeichen der Versöhnung mit den unzufriedenen Schichten setzen. Er wird diese frühzeitige Entlassung sicherlich bitter bereut haben, als Chávez 1999 das *Punto-Fijo*-System hinwegfegte. Aus dem Gefängnis alleine wäre dies Chávez nie gelungen – er nutzte seine unerhofft erlangte Freiheit, jahrelang durch alle Winkel des Landes zu reisen, um Propaganda zu machen. Chávez war der erste Politiker Venezuelas, den das Volk wirklich berühren und mit ihm persönlich interagieren konnte, was ein wesentlicher Faktor für den Sieg bei den Präsidentenwahlen 1999 war. Hauptfaktor für die Abkehr der Wähler vom alten System war aber die völlige Zerrüttung praktisch aller Strukturen des Staates, die Bühne war für Chávez bereit.

Welche Gedankenwelt hatte sich dieser junge, charismatische Offizier aufgebaut, der Venezuela zwanzig Jahre lang in Atem hielt und dessen Vermächtnis noch lange nachwirken wird? Welches Bild hatte Chávez von Bolívar, wie spannte er den Angehörigen der konservativen Elite des 19. Jahrhunderts vor den Karren des Sozialismus des 21. Jahrhunderts? Was übernahm er von Bolívar, was deutete er um?

Chávez sah in der *Vergangenheit* die Lösung aller Probleme, auch die Lösung des Problems der Armut, der sich Bolívar nach Ansicht von Chávez verschrieben haben soll.[200] Wie wir gesehen haben, war dies kein Anliegen von Bolívar gewesen, was aber zählt, ist die Uminterpretation und die Monopolisierung der Ideen Bolívars. Einer der ersten großen politischen Aktionen nach seinem Amtsantritt war die Schaffung einer neuen Verfassung im Jahre 2000. Venezuela wurde umbenannt in *República Bolivariana de Venezuela* (Bolivarianische Republik Venezuela) und das System des Staates auf die Person von Chávez zugeschnitten und ein sozialistisch inspiriertes System geschaffen. Der erste Artikel der Verfassung lautet demensprechend: „Die Republik Venezuela ist unwiderruflich frei und unabhängig und gründet ihr moralisches Gut und ihre Werte von Freiheit, Gleichheit, Gerechtigkeit und internationalem Frieden auf die Doktrin von Simón Bolívar, dem

---

[200] Zum folgenden s. Bustamente, Chávez, Kap. 2.1.

Befreier." Es wird klar, dass die Ideologie von Chávez *rückwärtsgewandt* ist und *nicht progressiv*, wie man es von einem Sozialisten erwarten würde. Die Grundlage des Staates in seiner heutigen Form ist und bleibt die *Gedankenwelt eines Angehörigen der Elite des frühen 19. Jahrhunderts.* Chávez greift damit auch auf eine der Ideen des schottischen Essayisten Thomas Carlyle (1795-1881) zurück, nämlich dass jede Gesellschaft auf dem Kult eines Helden aufgebaut ist. Es gelang Chávez durch unaufhörliche Propaganda, die bisherige Interpretation von Bolívar völlig umzukehren, er schafft seinen eigenen Bolívar. Dies zeigt auch umgekehrt, wie stark der Bolívar-Kult im kollektiven Gedächtnis Venezuelas verhaftet ist. Wäre Chávez ein echter Revolutionär gewesen, hätte er den Bolívar-Kult über Bord geworfen, so begnügte er sich aber mit einer dreisten Uminterpretation. *Ein politischer Diskurs ohne Bolívar ist in Venezuela nicht möglich.*[201] All dies war gegen die damaligen Eliten gerichtet, im Gegensatz zu seinen rhetorischen Aufrufen nach Einheit polarisierte Chávez in Wahrheit ständig. Damit hielt er die armen Massen, die die

---

[201] Auch der aktuelle Hoffnungsträger der Opposition und mehrfacher Präsidentschaftskandidat, Henrique Capriles Radonski, muss die Bolívar-Rhetorik beibehalten. So hatte er bei den Wahlkämpfen immer betont, an der „Bolivarianischen" Republik nicht rütteln zu wollen. In Wirklichkeit würde die Opposition am liebsten damit aufräumen, hätte dann aber jedenfalls eine große Mehrheit der Bevölkerung gegen sich.

überwiegende Mehrheit stellen, auf seiner Seite und so konnte er auch 14 Jahre lang alle Wahlen gewinnen.

Nach der Konsolidierung seiner Macht im Inneren und nachdem er einen gegen ihn gerichteten Putsch 2002 überstanden hatte, wandte sich Chávez gegen Hegemoniebestrebungen von außen, das heißt er wurde Anti-Imperialist. Dabei spielte auch eine Rolle, dass er der Ansicht war, der Putsch sei von den USA inszeniert worden. In dieser gegen die USA gerichteten Politik folgte er dabei, wie wir gesehen haben, einer Reihe von Denkern, die diese Idee seit 1898 formulierten bzw. verfolgten. Also auch hier eine *rückwärtsgewandte* Politik, verhaftet in Traditionen. Im Kampf für eine gerechtere Welt verschmolz er mit Vorbildern wie Che Guevara. Chávez predigte die revolutionäre Erlösung von den USA, gleichzeitig wollte er die Einheit Lateinamerikas anführen, darin sah er sich in der Tradition und dem Erbe Bolívars. Die Botschaft lautete klar: Chávez war gekommen, um das Werk des Befreiers zu vollenden, so wie nach dem Tode Christi dessen Wiederkehr erwartet wurde bei gleichzeitiger Errichtung einer vollkommenen Welt, des Himmelreichs auf Erden. Ein Messias war auf der politischen Bühne erschienen.

Krauze kommt uns mit seiner Einschätzung von Bolívar für die venezolanische Psyche zu Hilfe – nur so können wir den Kontext verstehen, in welchem Chávez, so wie alle anderen Venezolaner, aufgewachsen ist. Nach Ansicht von Krauze hat die Sakralisierung der Geschichte eine lange Tradition in Lateinamerika. Es wurde dabei, wie wir oben gesehen haben, eine Reihe von „laizistischen Heiligen" geschaffen, deren Geburtstage, Todestage oder Tage heroischer Siege in den Kalender eingingen und regelmäßig rituell begangen werden. Für Venezuela sei typisch, dass diese Sakralisierung „monotheistisch" war, sich also rein auf Simón Bolívar konzentrierte; eine höhere Ehre konnte einem Sterblichen nicht zuteilwerden.[202] Vor allem hätte man ein schlechtes Gewissen, da man Bolívar verraten und einsam und verarmt hat in Kolumbien sterben lassen. Es sei sogar die Meinung geäußert worden, dass die „150 Bürgerkriege in 150 Jahren Unabhängigkeit" auf den Verrat an Bolívar zurückzuführen seien. Angesichts der dramatischen Situation Venezuelas in den 1980er und 1990er Jahren, die zur tiefen Spaltung der Gesellschaft und zu bürgerkriegsähnlichen Situationen führten, kommt dieser Denkweise sicherlich eine große Bedeutung zu. Chávez hat jedenfalls seine politischen Gegner immer als *Verräter der Heimat* und Bolívars bezeichnet. „Offiziell, volkstümlich, spontan, neoklassisch, romantisch, positivistisch, nationalistisch, internationalistisch, militärisch, zivil, religiös, mythisch, von der Vorhersehung gesandt, patriotisch, venezolanisch, andinisch, iberoamerikanisch, panamerikanisch, universell – der Bolívar-Kult

---

[202] Krauze, Redentores, Kapitel über Chávez, S. 479-508, hier insbesondere S. 479f.

verwandelte sich in das Band, das alle Venezolaner einte, in die zentrale Liturgie der Heiligen Schrift."[203] Wir sehen nochmals, dass kein Politiker in Venezuela um Bolívar herumkommt und aus den unendlich vielen Charakteristika, die ihm zugeschrieben werden, die passenden heraussuchen muss, um eine kohärente Politik führen zu können.

Schon in jungen Jahren verehrte Chávez Bolívar, vor allem aber dessen Eigenschaft als Held. Ebenfalls in jungen Jahren wurden daher zwei weitere Helden in den Pantheon von Chávez erhoben: die Hauptakteure der kubanischen Revolution Fidel Castro und Che Guevara. Schon früh sah er sich als *Inkarnation* diverser Helden der venezolanischen Geschichte. Als er nach seiner Freilassung aus der Haft[204] 1995 nach Havanna reiste, wurde Chávez wie erwähnt von Castro persönlich am Flughafen empfangen – eine unerhörte protokollarische Ehrung für einen niedrigrangigen Offizier, der einen Putsch verübt hatte und zu diesem Zeitpunkt keinerlei öffentliche Funktion innehatte. Castro wurde von Chávez fortan als Vater angesehen. Diese Episode beweist auch das geradezu unheimliche politische Gespür Castros – war es doch Chávez, der als Präsident Kuba vor dem wirtschaftlichen Kollaps rettete: nach dem Zusammenbruch der

---

[203] Ibidem, S. 480.
[204] Wie oben erwähnt, war Chávez nach dem Putschversuch 1992 zu einer Haftstrafe verurteilt worden.

Sowjetunion verlor Kuba mit einem Schlag seinen Exportmarkt für Zucker und stand jahrelang am Rande des wirtschaftlichen Abgrundes. Der Aufstieg des Putschisten Chávez zum Präsidenten war damals keineswegs abzusehen gewesen, angesichts der Eliten-dominierten Politik in Venezuela eigentlich ausgeschlossen. Castro hatte aber auf das richtige Pferd gesetzt. Bis heute hält Venezuela mit großzügiger Hilfe die kubanische Wirtschaft am Leben. Chávez war, er musste es sein, ein Anhänger der historischen bolivarianischen Mythologie, „jedoch nicht in einem zeremoniellen oder akademischen Sinne, sondern in einem autobiographischen und theatralischen Sinne".[205] Dies ist aus meiner Sicht ein zentraler Punkt für das Verständnis von Chávez: er nahm Bolívar nicht nur als Vorbild - das hatten alle vor ihm getan - *sondern er lebte und wirkte in seinem Selbstverständnis als die Reinkarnation des Übervaters*. Dabei spielten auch Elemente von Kreolenreligionen[206], insbesondere der *Santería*, eine Rolle. In diesen Religionen ist es ein Leichtes, die Identität eines anderen anzunehmen und an dessen Statt zu wirken. Dieses Verhalten erscheint uns bizarr, fügt sich aber nahtlos in die Gedankenwelt Lateinamerikas ein und ist ein wichtiges Substrat, das nur angedeutet werden muss, um verstanden zu werden.[207] Der

---

[205] Krauze, Redentores, S. 482.
[206] *Kreolisch* bezieht sich in diesem Zusammenhang nicht auf die Eliten.
[207] So zum Beispiel, als Vizepräsident Maduro kurz nach dem Tod von Chávez im Wahlkampf stehend in aller Öffentlichkeit ohne Hauch von Ironie erklärte, Chávez sei ihm als kleiner Vogel erschienen und habe

venezolanische Historiker Elías Pinto erklärt das Gedankengeflecht eindrucksvoll: „Für den jungen Chávez war Gott der Vater, die Heimat war die Jungfrau, und das Gotteskind bzw. das Produkt dieser transzendentalen Verbindung war die Armee der Befreiungszeit, die mittels eines Sprunges durch die Jahrhunderte dieselbe Armee war, der Chávez angehörte."[208] Über die Rolle der Armee schrieb der junge Offizier Chávez: „Sie ist dein [gemeint ist die Heimat] junger Sohn, der in seiner Brust das Volk trägt, um dieses abzurichten und zu unterweisen, dich zu lieben und zu verteidigen. ... Sie ist dein Ebenbild, Land der Helden. ... Unsere Armee muss unvermeidlich die soziale, wirtschaftliche und politische Entwicklung unseres Volkes vorantreiben."[209] 1983 setzte Chávez mit einer Handvoll Kameraden den Schwur des Bolívar am Monte Sacro wieder in Szene, was Teil der Hagiographie von Chávez wurde. Er wiederholte praktisch wortwörtlich den oben zitierten Schwur Bolívars, wobei anstelle von Spanien die „Mächtigen" gesetzt werden. Die mythische Einheit mit dem großen Vorbild ist vollzogen. In seinem ersten Interview nach dem Putsch, im Gefängnis, erklärte Chávez: „*Bolívar und ich* haben einen Staatsstreich durchgeführt. *Bolívar und ich* wollen, dass sich das

---

ihm aufgetragen, sein Werk fortzusetzen. Für uns absurd, im Rahmen der karibischen Religionen aber eine nicht unbekannte Folie.
[208] Zitiert in Krauze, Redentores, S. 482.
[209] Ibidem.

Land ändert."[210] Später, wenn er Besprechungen leitete, war am Tisch immer ein Sessel leer – dieser war für Bolívar reserviert. 2012 ließ Chávez unter großem Mediengetöse Bolívar exhumieren und in einer Art Trance verbrachte er geraume Zeit vor den Knochen, um eine mystische Union einzugehen. Chávez erklärte am Grab von Bolívar: „Einmal mehr werden wir unserer Seele und unseren Armen solange keine Ruhe gönnen, bis wir die Oligarchie, die deinen Traum verriet und dein vor zweihundert Jahren begonnenes Werk zerstörte, restlos beseitigt haben, das schwören wir."[211]

Bei seiner Antrittsrede als neugewählter Präsident zitierte Chávez einen Vers des chilenischen Schriftstellers Pablo Neruda (1904-1973), mit dem er seinen Wahlsieg nicht nur als historisch einstufte, sondern auch als *Wiederkehr des Erlösers*: „Bolívar ersteht alle hundert Jahre auf. Er erwacht alle hundert Jahre, wenn das Volk erwacht."[212] Diese Wiederkehr Bolívars bedeutete für Chávez auch, dass dessen soziale Revolution, dessen sozialistische Bestrebungen fortgesetzt werden soll. Wie wir oben gesehen haben, war Bolívar kein Sozialrevolutionär, Chávez nahm also ganz bewusst eine Selektion aus dem Kanon der Bolívar-Verehrung vor, um seine Politik zu legitimieren. Der Bolívar-Kult

---

[210] Ibidem, S. 483. Hervorhebungen von mir.
[211] Rehrmann, Simon Bolívar, S. 181.
[212] Ibidem, S. 484.

erreichte in den kommenden Jahren ungeahnte Höhepunkte, in den das gesamte Volk einbezogen wurde, alles und jedes wurde auf Bolívar bezogen und täglich aufs Neue zelebriert. Der Hohepriester dieses Kultes war natürlich Chávez, der die alleinige Interpretationsmöglichkeit definierte; so wurde Chávez auch als „Konstantin" der Bolívarverehrung bezeichnet, der die einzig richtige Liturgie und Glaubenslehre vorgab.[213]

Was war das Bild von Bolívar, das Chávez hatte? Wie wir schon gesehen haben, gibt es viele Ungereimtheiten zwischen dem historischen Bolívar und der Interpretation, die Chávez sich zurechtlegte. Wobei wir auch gesehen haben, dass dies in Venezuela ein normaler Vorgang in der Politik ist, die Geschichte im eigenen Sinne umzuinterpretieren. Was die Herkunft Bolívars betrifft, so machte Chávez wenigstens kein Hehl aus der reichen Herkunft seines Helden, alles andere wäre auch gelogen gewesen: „Die Bolívars waren eine der reichsten Familien des spanischen Amerika; die Bolívars waren Eigentümer von Haziendas, Minen und Sklaven, und hatten nicht nur in Venezuela kommerzielle Interessen, sondern in der ganzen Karibik."[214] Trotz dieser privilegierten Herkunft Bolívars habe sich dessen rebellischer Charakter nach Ansicht von Chávez früh entwickelt, als er auf Beschluss der Behörden aus dem Haus seiner Schwester mit

---

[213] Ibidem, S. 486.
[214] Chávez in Brown, S. 6. Ibidem auch im Folgenden.

Gewalt wieder seinem Onkel zugeführt werden sollte. Nach dem Tode seiner Eltern – sein Vater starb, als er drei Jahre alt war, seine Mutter als er neun war – wurde er von seinem sehr strengen Onkel erzogen, vor dem er zu seiner Schwester flüchtete. Die Situation eskalierte und Bolívar wurde mit Gewalt aus dem Hause gezerrt und im Handgemenge leicht verletzt. Unter den Augen der Nachbarn wurde er schreiend abgeführt. Dies war sicherlich ein traumatisches Erlebnis für ein Kind, ob sich damit aber eine direkte kausale Linie zum Befreiungskampf gegen Spanien ziehen lässt, ist zumindest zu hinterfragen. Es ist aber verständlich, dass man aus der sozialistischen Perspektive den Wandel Bolívars vom Großgrundbesitzer und Angehörigen der Elite zum Befreier und (angeblichen) Sozialreformer möglichst früh in der Biographie des Helden ansetzen muss, damit dieser glaubwürdig als Revolutionär dargestellt werden kann.

Nach diesem traumatischen Erlebnis, so Chávez weiter, sei Bolívar durch die Straßen von Caracas geritten und habe sich mit vielen unterhalten, die nicht aus seiner hohen gesellschaftlichen Schicht entstammten. So habe er auch Simón Rodríguez (1769-1854) kennengelernt, einen Freidenker und Konspirator-Revolutionär gegen die Spanier, der einen enormen Einfluss auf Simón hatte. 1799 ging Bolívar nach Madrid, um zu studieren[215],

---

[215] Chávez verschweigt in seiner Darstellung, dass Bolívar auch in der spanischen Armee diente, das passt nicht in das Bild des Revolutionärs.

einige Jahre später nach Rom, wo er wieder auf den mittlerweile exilierten Rodríguez traf und nun schien doch der Funke der Revolution auf Bolívar übergeschlagen zu haben. Es folgte der oben erwähnte Schwur auf dem Monte Sacro im Jahre 1805, mit welchem Bolívar zum Unabhängigkeitskämpfer wurde. Nach Ansicht von Chávez wurde der „Befreier" am Monte Sacro geboren[216] – damit entledigt sich Chávez der eher unpassenden Vergangenheit und Herkunft seines Idols. „Er widmete die kommenden zwanzig Jahre der Erfüllung seines Schwures und der Umwandlung der schrecklichen Realität des Kolonialismus, und zwar mittels eines neuen Projektes, welches in den Jahren des Kampfes Gestalt annahm, die ihn erwarteten." Damit räumt er wenigstens ein, dass Bolívar nicht als Revolutionär geboren wurde, sondern sich durchaus von seiner Herkunft wegentwickelte.

Nach Ansicht von Chávez wandelte sich Bolívar schließlich zum Sozialisten: Ende 1825 erließ er nämlich ein Dekret, das jedem und jeder eine Ackerfläche von 44 Hektar zuwies. „Damit etablierte Bolívar ein dem Kapitalismus konträres Prinzip: ein sozialistisches Prinzip. In Wirklichkeit bin ich [Chávez] jeden Tag mehr davon überzeugt, dass die Entwicklung des Denkens von Bolívar auf den Sozialismus hinsteuerte. Hätte er noch einige

---

[216] Chávez in Brown, S. 7f.

Jahrzehnte weitergelebt, so bin ich völlig sicher, dass er sich in einen Sozialisten entwickelt hätte, wie sein Lehrer Simón Rodríguez".[217] Nun, so kann man aus jedem konservativen Denker einen Sozialisten machen, wenn dieser nur die richtigen Maßnahmen setzt und man die Geschichte weiterspinnt. Es würde beispielsweise auch niemand auf die Idee kommen, Bismarck als Sozialisten zu bezeichnen, weil dieser Gesetze zum Schutz der Arbeiter erlassen hatte: dies erfolgte nicht aus innerer Überzeugung, sondern in der Einsicht, dass sonst die soziale Frage die bestehende Ordnung zur Explosion bringen würde.

Wie sieht Chávez den Untergang Bolívars und den Verrat an ihm? Zwischen 1825 und 1830 sei das Werk Bolívars zusehends „aufgrund der Machenschaften der reichen Landbesitzer und unter dem Druck der ersten Welle des nordamerikanischen Imperialismus. zerfallen"[218] Er sei zwar reich geboren, aber arm gestorben, selbst das Hemd, in dem er bestattet wurde, musste von jemand anders zur Verfügung gestellt werden – diesen Punkt hebt Chávez besonders hervor[219], ein Anklang an die Bestattung von Jesus lässt sich dabei nicht verkennen. Chávez setzt seine Hoffnungen auf die Wiedergeburt des Befreiers, wie sie von Pablo Neruda in einem Gedicht beschworen und wie erwähnt von

---

[217] Ibidem, S. 13.
[218] Chávez in Brown, S. 15.
[219] Ibidem.

Chávez in seiner Antrittsrede zitiert wurde. Im Jahre 2010 wurde von Chávez das *Bicentenario* – also die Zweihundertjahrfeiern – zur Unabhängigkeit mit Pomp und Glorie gefeiert; es blieb unmissverständlich klar, dass er der Ansicht war, dass unter seiner Präsidentschaft Bolívar erwachen würde – und zwar in seiner Person. „Das venezolanische Volk hat dieses Projekt wieder aufgenommen, so wie die [anderen] Völker Lateinamerikas und des ganzen Planeten. Alle diese Völker unterhalten einen Krieg um eine Welt der Gleichheit, eine Welt der Gerechtigkeit zu erleuchten. Diese bessere Welt, die wir erschaffen wollen, ist nicht nur möglich, sondern absolut notwendig. Es kann nicht so weitergehen wie bisher: entweder ändern wir die Welt oder sie geht zu Ende. Ich bin sicher, dass Bolívar es so verstanden hätte, da er niemals aufhörte, an das Schicksal Amerikas und der übrigen Welt in den kommenden Jahrhunderten zu denken. Sein Projekt war immer zukunftsorientiert. Damals war es [die Einheit Lateinamerikas] nicht möglich, aber die Zukunft ist da. Wir dürfen keine Zeit verlieren!"[220]

So also zeichnete Chávez den Werdegang Bolívars und negiert damit völlig dessen konservative, beharrende Seite. Schon früh habe Bolívar sich aus den Fesseln seiner Herkunft befreit und unter dem damals in Europa vorherrschenden Einfluss der

---

[220] Chávez in Brown, S. 15.

Französischen Revolution sei er zum Revolutionär geworden. Richtig ist, dass Bolívar gegen die vorherrschende politische Ordnung, nämlich die Kolonialmacht Spanien, opponierte. Wie wir jedoch oben gesehen haben, geschah dies nicht aus einer Sozialromantik oder aus dem Willen einer destruktiven Umgestaltung des Klassensystems, im Gegenteil, es ging um die *Wahrung der Interessen der kreolischen Elite*. Um nichts mehr, aber auch um nichts weniger. „Der ‚bolivarianische Prozess' unter der Führung von Chávez begreift sich als tiefgreifende sozialpolitische Umgestaltung in der Tradition früherer Kämpfe. Das zeigt sich in der Umorientierung des politischen Bolívar-Kultes zu einem eher sozialen Bolívar-Mythos und einem kontinentalen Bolívar-Kult."[221] Und weiter: „Das Interesse an der aktuellen Umschreibung der Geschichte durch eben jenen Präsidenten Chávez wurzelt darin, dass Bolívar schon nicht mehr der weiße Aristokrat (*Mantunao*) sein soll oder der Verteidiger der Ordnung, der er sogar für gewisse europäische Autoren gewesen war. Nach verschiedenen Verteidigern des Regimes verwandelte er sich gar in einen Mestizen, genauer gesagt in einen Zambo."[222]

In Wahrheit also eine ziemlich radikale Uminterpretierung der Ansichten und des Wirkens von Bolívar in einem populistischen

---

[221] Zeuske, Simón Bolívar, S. 126.
[222] Frédérique Langue, zitiert in Zeuske, Simón Bolívar, S. 127. Ein *Zambo* hat indianische und schwarzafrikanische Vorfahren.

Sinne. Dabei kamen Chávez zwei Umstände zugute, auf die er keinen Einfluss hatte, die er aber gezielt ausnutzte: zum einen wurde Chávez nach dem Fall der Berliner Mauer und dem Ende des realen Sozialismus zur Hoffnung vieler linker Militanter, und zwar nicht nur in Lateinamerika, sondern auf der ganzen Welt.[223] In Europa war er in seinen besten Zeiten besonders populär, da man im *Chavismo* endlich den Sozialismus mit menschlichem Antlitz gefunden zu haben glaubte. Zum anderen trug der phantastische Anstieg des Ölpreises in der ersten Dekade des 21. Jahrhunderts in bestimmendem Maße dazu bei, dass Chávez sich Einfluss im Inneren wie im Äußeren schlicht erkaufen konnte.

Chávez beschäftigte sich unentwegt mit der Rolle des Individuums in historischen Prozessen und mit den großen Gestalten der Geschichte. Großen Einfluss auf Chávez hatte dabei der russische Revolutionär Georgi Plekhanov (1856-1918) und dessen Werk *Die Rolle des Individuums in der Geschichte* (1898 erschienen – im selben Jahr als sich der spanisch-amerikanische Krieg ereignete). Auch wenn Plekhanov als der Vater des russischen Marxismus gilt, so schreibt er dem Individuum durchaus gestalterische Kraft zu.[224] *Das Verständnis, das Chávez von*

---

[223] Bustamente, Bolívar según Chávez, Pos. 40.
[224] Plekhanov zerstritt sich mit seinem Schüler Lenin (was zur Geburt der Fraktion der Bolschewiken führte) und galt in der Sowjetunion als ein Dissident. Es ging dabei um die Frage, ob *Macht haben* auch gleichzeitig *Recht haben* bedeutet. Chávez übernahm von Plekhanov also

Geschichte hatte, ist jedenfalls kein marxistisches, sondern war vielmehr im 19. Jahrhundert verankert, in den Ideen von Carlyle über die Rolle des Helden. Dass Bolívar gerade in diesem heroischen Zeitalter wirkte, war ein glücklicher Zufall. Für Chávez war auch *das Volk nie der Akteur der Geschichte* oder des Wandels, dieser finde ausschließlich durch charismatische Führungspersönlichkeiten statt. Man fühlt sich fast erinnert an die Haltung der absolutistischen Herrscher: „Alles für das Volk, nichts durch das Volk." Das Volk bleibt immer nur Objekt der Geschichte, nie wird es handelndes Subjekt. Wenn das Volk agiert, dann nur durch ihn, der sich als Inkarnation des Volkes versteht. Damit rechtfertigte er, ein *Caudillo* zu sein – alles für das Wohl des Volkes. Demokratisch war dies nur in dem Sinne, als dass das Volk zu den Wahlen gerufen wurde. Fairerweise muss man anerkennen, dass sämtliche Wahlen, die Chávez gewann, der genuine Ausdruck der Mehrheit der Bevölkerung waren. Andererseits ist es klar, dass Chávez ohne die Einbeziehung der nicht-elitären Massen nie Mehrheiten bekommen hätte. So war auch wie erwähnt Bolívar gezwungen gewesen, die Basis seiner Politik zu verbreiten, um gegen die Spanier erfolgreich zu sein.

---

nur die Rolle des Individuums als Faktor in der Geschichte, aber nicht die Frage der Moral der Machtausübung, Plekhanov nämlich sah keine Rolle für einen *Caudillo*. Krauze fasst es zusammen: „Chávez mag denken, er sei Plekhanovist, dieser wäre heute aber sicherlich kein Chavist" s. S. 491.

Demokratisch war dies also durchaus auch in dem Sinne, dass es zwischen dem *Caudillo*, dem Messias, eine mystische Verbindung mit dem Volk gibt, in der sich der *Caudillo* für das Wohl des Volkes opfert. Castro war darin großes Vorbild – dieser war quasi alleine für die Revolution verantwortlich, Castro entschied alles und das Volk folgte ihm und verehrte ihn. Chávez sagte einmal: „Ich glaube nicht an den Messias, ich glaube nicht an den *Caudillo*; auch wenn man sagt, dass ich dies bin, so weiß ich nicht, ob ich es bin – bestenfalls habe ich ein wenig davon."[225] Unverblümt erklärte Chávez über sein Verhältnis zu Marx: „Ich kenne den Marxismus nicht, ich habe nie *Das Kapital* gelesen, ich bin weder Marxist noch Anti-Marxist."[226] Nach dem Zusammenbruch der Sowjetunion und des real existierenden Sozialismus erfand Chávez daher den „Sozialismus des 21. Jahrhunderts", um klarzumachen, dass er kein Marxist oder Sozialist im Sinne von Marx war. „Wir Menschen können uns zu bestimmten Momenten an zentralen Plätzen einfinden, dort wo man [die Dinge] beschleunigen oder verlangsamen kann, wo man einen persönlichen Einsatz leisten kann, der dem Prozess eine andere Richtung gibt. Ich glaube schon, dass die Geschichte ein Produkt des kollektiven Seins der

---

[225] Krauze, Redentores, S. 488.
[226] Ibidem, S. 497. Chávez teilte auch mit Sicherheit nicht die Kritik von Marx an starken, machtorientierten Politikern, s. den Artikel von Marx in *The New American Encyclopedia* 1858 über Bolívar. Auch Marx wäre heute kein Chavist.

Völker ist. *Und ich fühle mich voll und ganz als dieses Kollektiv.*"²²⁷ Und zur Rolle des *Caudillo* im Speziellen sagt Chávez vor der Machtübernahme: „Der *Caudillo* ist der Repräsentant einer Masse, mit er sich identifiziert und es ist diese Masse, die ihn *ohne formelles Prozedere und ohne legale [Grundlage]* anerkennt", was er in seiner Antrittsrede als Präsident dann sogleich als die „Revolution" definiert. Bis Chávez hätten es sämtliche Regierungen verabsäumt, das Volk sein Schicksal selbst verwirklichen zu lassen, so in seiner Antrittsrede weiter. „Unsere Bewegung ist in den Kasernen entstanden. Dies ist eine Komponente, die wir niemals vergessen können, sie ist dort geboren und wird dort immer ihre Wurzeln haben."²²⁸ Für abweichende Meinungen, für eine politische Opposition war in diesem Denken kein Platz, es bestand auch nie der Zweifel, dass Chávez seine Funktion als Präsident lebenslang auszuüben beabsichtigte.

Zur Rolle des Helden in der Geschichte orientierte sich Chávez also an Carlyle und dessen Aufsatz von 1840 *On Heroes, Hero-Worship, and the Heroic in History*.²²⁹ Darin rechtfertigte Carlyle die

---

[227] Krauze, Redentores, S. 501. Hervorhebung von mir.
[228] Ibidem, S. 504.
[229] Ibidem, S. 499-503. Es war der Argentinier José Luis Borges, der Carlyle für Lateinamerika entdeckte und in die politische Philosophie einführte. Über seinen engen und langjährigen Berater, den Argentinier Norberto Ceresole, wurde Chávez mit dem Denken Carlyles bekannt. Ceresole ist eine eher schillernde und sinistere Figur, die sowohl im Gedankengut des Faschismus als auch der Sowjetunion verhaftet war. Darüber hinaus war er Bewunderer des Nationalsozialismus, Holocaust-

charismatische Ausübung von Macht – worin er viele Schüler gefunden hat. Der Held ist die treibende Kraft in der Geschichte, der Held manifestiert sich vor allem in Revolutionen. Einer der großen Helden der Geschichte für Carlyle ist der englische Revolutionär und Diktator Oliver Cromwell (1599-1658; Lordprotektor von 1653-58). Im Gegensatz zu Marx, der wie wir gesehen haben eine äußerst kritische Ansicht über Bolívar hatte, war Carlyle auch ein Verehrer von Bolívar. Marx kritisierte an Bolívar vor allem dessen diktatorische Machtausübung. In Spanien und Lateinamerika gibt es eine starke Tradition des Rechtes des Volkes, gegen einen Tyrannen aufzustehen[230]. Auf dieser Klaviatur spielte Chávez, als er gegen das *Punto-Fijo*-System seine „Revolution" ins Spiel brachte – er selbst stammte ja aus dem Volk und nicht aus der Elite. Damit wurde sein Aufbegehren gegen die „Tyrannei" gerechtfertigt. Gleichzeitig gibt es in dieser Gedankenwelt die Rolle des *Messias*, der als Erlöser in Erscheinung tritt – das Volk konsumiert auf diesem Wege sein Recht auf Selbstbestimmung, indem es den Erlöser für sich arbeiten lässt. Chávez war „ein seltsamer Cocktail von

---

Leugner, Vertreter der Hizbollah in Madrid, Berater von Perón im spanischen Exil, etc. Ich möchte mir ersparen, auf diese Gedankenwelt genauer einzugehen, er darf aber nicht unerwähnt bleiben. Marx hasste er, weil er Jude war. Seine Israel-Phobie dürfte Chávez von Ceresole übernommen haben. 1999 schrieb Ceresole eine Eulogie auf Chávez, in der der Wandel in Venezuela auf die Person von Chávez zurückgeführt wird.
[230] Ibidem, S. 513f.

erlöserischen Ideologien, Heldentheorien und karibischem Autoritarismus, ohne eine Spur von liberaler oder demokratischer Überzeugung. Sein Traum ist genau die im Sozialismus des 21. Jahrhunderts verankerte absolute Monarchie: die neue und definitive Einheit des *Caudillo* und des Volkes, wie sie nur von Fidel Castro (der nicht zufällig Jesuitenschüler war) erreicht wurde. Chávez sieht sich als kontinentaler Erlöser und präsentiert sich vor dem Volk nicht nur als der Vikar des göttlichen Bolívar, sondern als dessen Reinkarnation."[231]

---

[231] Krauze, S. 515. Für „Einheit" verwendet er den religiösen Begriff Konsubstanz, er rückt dieses Verhältnis zwischen Caudillo und Volk somit in die religiöse, katholische, Sphäre; er verwendet daher auch den Begriff Vikar. Dementsprechend bei Castro auch der Verweis auf dessen jesuitische Erziehung.

III. Epilog

Wir haben eine lange Reise zurückgelegt, vom Mittelalter über Kolumbus, über das Jahrhundert der Befreiung weiter zum 20. Jahrhundert und bis heute. Wir sind einer Vielzahl von Persönlichkeiten begegnet, deren jede die Geschichte, Kultur und Philosophie Lateinamerikas geprägt hat: vom schillernden Kämpfer zwischen zwei Kulturen El Cid, über den genuesischen Seefahrer Kolumbus, der das Paradies suchte, zu Simón Bolívar, José Martí und Che Guevara. Viele Politiker haben unseren Weg gekreuzt, faszinierende Gestalten wie Fidel Castro, Denker wie José Enrique Rodó und José Vasconcelos und immer wieder natürlich Hugo Chávez. Der lange Zeitraum der Betrachtung, die geographische Weite und die Fülle an Personen, Ereignissen und Gedanken zeigt, dass jedes politische Phänomen, jede Entwicklung, die heute stattfindet, tief in der Vergangenheit verwurzelt ist und viele Vorläufer hat. Kein Politiker, ob er nun die Macht mit Gewalt an sich reißt oder auf dem demokratischen Weg übertragen bekommt, kommt aus einem Vakuum. An jeder Weggabelung hätte zwar eine andere Entscheidung fallen können – was wäre passiert, wenn Chávez bei seinem Putschversuch 1992 getötet oder nicht schon nach zwei Jahren begnadigt worden wäre – aber zu jeder Weggabelung führt ein Weg, der in die

Vergangenheit zurückreicht und unweigerlich beschritten werden musste.

Viele der Aspekte von Chávez erscheinen uns auf den ersten Blick lächerlich, wenn er zum Beispiel auf einer Veranstaltung Volkslieder zu singen beginnt – aber auch diese Symbolik ist tief in der venezolanischen Kultur und dem politischen und gesellschaftlichen Diskurs verwurzelt. Die Figur des *Caudillo* erscheint uns angesichts unserer Erfahrungen mit Diktaturen fremd und abstoßend, jedenfalls nicht mit einer Demokratie vereinbar. Die Tradition in Lateinamerika ist aber, wie wir gesehen haben, eine ganz andere und so hat auch dieser Führungsstil einen völlig anderen Stellenwert und muss sich daher unserer Beurteilung entziehen. Es fällt uns auch schwer, unsere Identität als Nation so ausschließlich auf eine Person zurückzuführen, wie dies in Venezuela mit Bolívar der Fall ist. Das Selbstverständnis der Nationen in Lateinamerika gründet eben in der Zeit der Unabhängigkeit – sonst müsste man sich ja weiterhin als spanische Kolonie definieren. Die Unabhängigkeit wiederum wurde letztlich von wenigen Personen betrieben und erreicht und diese überstrahlen bis heute alle anderen Substrate, die eine Nation ausmachen. Die Sprache und Religion wird noch immer mit Spanien geteilt und ist daher *a priori* kein identitätsstiftendes Merkmal, dazu kam es erst, als der Nachbar im Norden groß wird und massiv in die Geschicke Lateinamerikas eingreift, erst dann bildet sich diese zusätzliche Dimension der Eigendefinition heraus.

Wir sehen uns einem bunten Gemenge gegenüber, welches das Selbstbild Lateinamerikas ausmacht: Heldenverehrung, ein Minderwertigkeitskomplex gegenüber den USA, Vorkämpfer für Freiheit und Menschenrechte, Erweckung der Massen, Unterdrückung der Massen, Katholizismus jesuitischer Prägung, Kommunismus, Hüter riesiger Rohstoffvorkommen, Industrie, Höchstleistungen in Kunst und Kultur, brutale Militärdiktaturen, die Menschen lebend aus dem Flugzeug ins Meer werfen und die Kinder ihrer Opfer adoptieren, messianische Erscheinungen wie Che Guevara oder Evita Perón, europäische Einwanderer, verschleppte Sklaven, nahezu ausgerottete Indígenas, Milliardäre wie Carlos Slim, unvorstellbare Armut und Ausbeutung – daraus kann fast nur ein widersprüchlicher Charakter einer Region oder Nation entstehen. Jede dieser Facetten spielt in der einen oder anderen Weise eine Rolle bei der Entstehung des *Phänomen Chávez*. Dies erfolgt einmal bewusst, einmal unbewusst, ist aber immer vorhanden, sei es akzeptiert oder abgelehnt, aber immer wirksam.

So ist es auch meiner Ansicht nach evident, dass Chávez eben keine *anomalía* war, sondern die fast zwingende Antwort auf die Umstände von 1999. Das Versagen des politischen Systems gepaart mit der tiefgreifenden Wirtschaftskrise bereitete den Boden für einen völligen Neuanfang. Das Selbstverständnis von

Chávez als Reinkarnation des Simón Bolívar, sein Charisma und der ihm eigene Zugang zum Volk kristallisierten sich genau in dem Moment, als dieser Wechsel in der Luft lag. 1992 war es noch zu früh gewesen und Venezuela war noch nicht bereit für einen *Caudillo*, der die Macht mittels eines Putsches an sich reißt. Sieben Jahre später, nach einer weiter fortschreitenden wirtschaftlichen Misere und nachdem er den demokratischen Weg beschritten hatte und durch seine physische Allgegenwart und egalitäre Botschaft in die Herzen der Massen gefunden hatte, gab es fast keine andere Möglichkeit mehr. Chávez wurde mit überwältigender Mehrheit gewählt und trat am 2. Februar 1999 sein Amt als Präsident an, drei Mal wurde er wiedergewählt.

Die von ihm verfolgte Politik ist der Spiegel des Weges, den wir nachgezeichnet haben: ein Erlöser trifft Entscheidungen im Alleingang, ein Anti-Imperialist nutzt jede Gelegenheit, die USA bloßzustellen, ein Wahrer der Interessen des Kollektivs verstaatlicht alles, was noch nicht im Eigentum des Staates ist. Ein Vorkämpfer für eine bessere Gesellschaft lässt keinen anderen Diskurs zu, bekämpft fanatisch die Opposition und schränkt deren Medien ein. Ein Soldat kämpft, ein Soldat diskutiert nicht, er erteilt Befehle oder empfängt sie. Chávez hat sich immer als Soldat bezeichnet, vorzugsweise als Soldat des Volkes. Alle Menschen waren in diesem Sinne für Chávez Soldaten, die für ein besseres Venezuela zu kämpfen hatten: an der Spitze der Oberbefehlshaber Chávez, der Rest Befehlsempfänger.

Nach dem Tode von Chávez stand sofort die Frage im Raum, ob es einen *Chavismo* ohne Chávez geben könne. Kurz- und mittelfristig ist diese Frage mit einem eindeutigen Ja zu beantworten. Zwanzig Jahre lang hielt Chávez Venezuela in Atem, in seinen vierzehn Jahren als Präsident lenkte Chávez die Geschicke des Landes quasi im Alleingang. Er erweckte die Massen zur politischen Partizipation, die es vorher nicht gegeben hatte. Die Massen werden sich diese Errungenschaft nicht mehr nehmen lassen und darin wird eines der dauerhaften Vermächtnisse von Chávez liegen. Keiner, weder in der Regierung oder Opposition wird je wieder imstande sein, ohne die Zustimmung der Massen auf Dauer regieren zu können, so wie das vor 1999 der Fall gewesen war. Die Lage der Wirtschaft jedoch wird früher oder später nur zu verbessern sein, wenn einige der wirtschaftspolitischen Entscheidungen von Chávez wieder rückgängig gemacht werden. Die Verstaatlichungen und die Drangsalierung ausländischer Investoren und der „Oligarchen" werden in dieser Form nicht haltbar sein. Wie immer seit der Entdeckung der Erdölquellen hängt der Zeitpunkt der Umsetzung der notwendigen Reformen vom Ölpreis ab, dessen Gestaltung aber nicht in den Händen Venezuelas liegt. Die internationalistische Ausrichtung der Politik, insbesondere in

Lateinamerika und in der Karibik wird nur so lange Bestand haben, als die finanziellen Mittel dafür zur Verfügung stehen. Dies wird insbesondere fundamentale Auswirkungen auf Kuba haben. Dessen System war schon mehrmals am Rande des Bankrotts und wenn Venezuela als Sponsor wegfällt, werden Änderungen auch in Kuba unausweichlich bleiben. Dies wird auch das Verhältnis Kubas und Lateinamerikas zu den USA nachhaltig verändern, ob zum Besseren, lässt sich nur hoffen. Ob die Lösung des kubanischen Problems in einer Rückkehr zu den Verhältnissen liegt, die unter Batista geherrscht haben, darf mehr als bezweifelt werden. Die Exilkubaner in Florida träumen jedenfalls seit über fünfzig Jahren von einer Umkehr der bestehenden Verhältnisse. Die Stabilität Venezuelas strahlt auf Kuba und die gesamten Beziehungen zwischen Nord- und Südamerika aus. Insofern wird Chávez jedenfalls als eine der großen Figuren in die Geschichte eingehen. Seine Amtszeit hat einen Paradigmenwechsel auf dem Kontinent bewirkt, der noch lange zu spüren sein wird.

Hasta la victoria siempre (Immer bis zum Sieg; das Leitmotiv der kubanischen Revolution) wird als Leitmotiv weiterleben, auch dank des Phänomens Chávez. *Patria, socialismo o muerte* (Heimat, Sozialismus oder Tod; das Leitmotiv der bolivarianischen Revolution) wird vermutlich nicht so lange nachwirken, ebenso dank des Phänomens Chávez. Er war, wie wir alle, widersprüchlich.

IV. Abbildungen

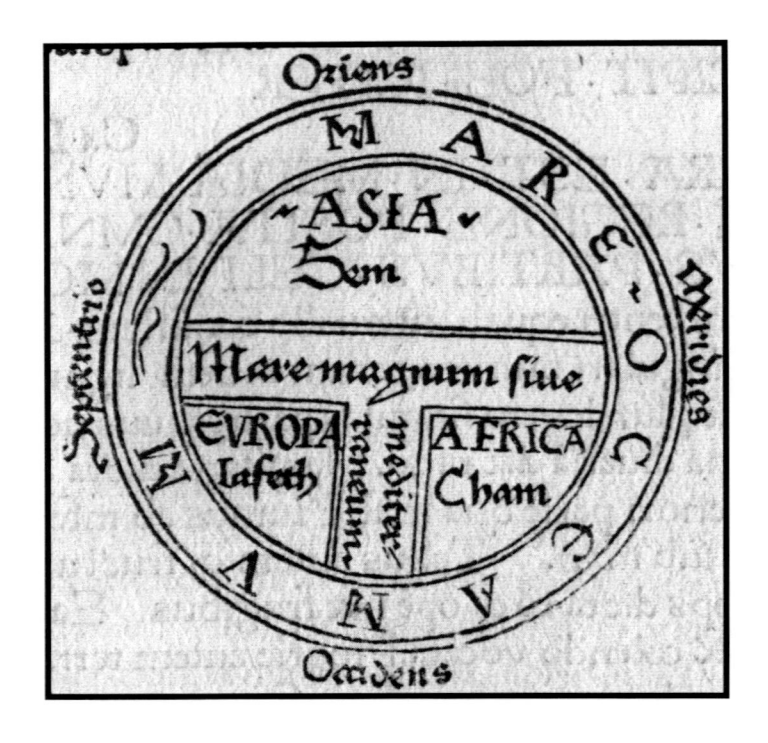

Abb. 1 So stellte man sich die Welt vor der Entdeckung Amerikas vor: es existierten drei von den Söhnen Abrahams, Japheth, Sem und Ham und deren Nachkommen besiedelte Kontinente – Europa, Asien und Afrika. In der Mitte wurde meist Jerusalem angesiedelt. Die Kontinente sind durch das Mittelmeer, den Nil und den Don getrennt und vom Ozean umgeben. Für einen weiteren Kontinent ist in dieser Vorstellungswelt schlicht kein Platz. Vielen war daher die Entdeckung Amerikas nicht willkommen, da diese Neue Welt das bisherige Bild von der Erde völlig auf den Kopf stellte.

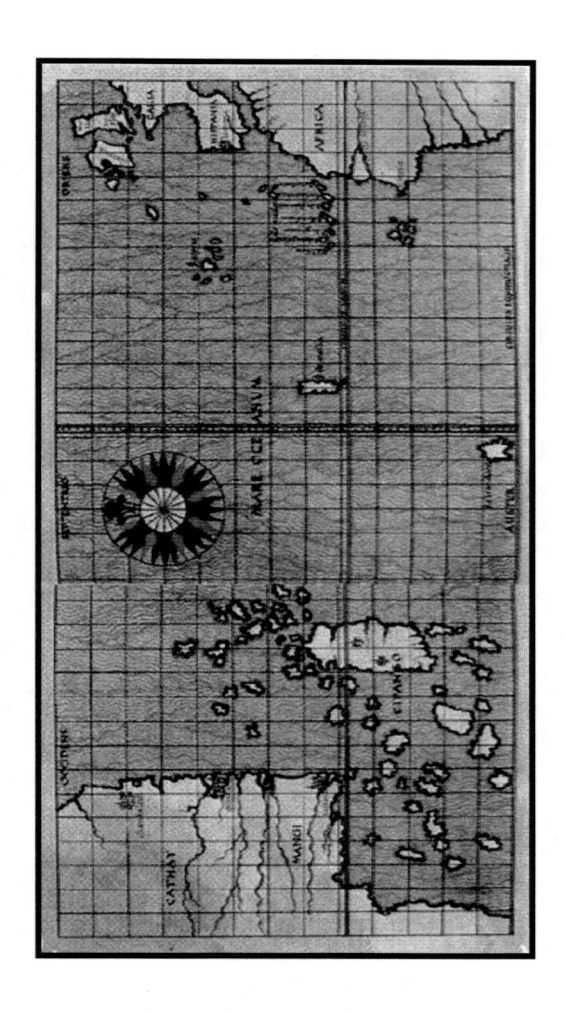

Abb. 2 Sogenannte Toscanelli-Karte, die Kolumbus zur Verfügung hatte. Auch hier fehlt noch Amerika: im Osten befindet sich Europa, im Westen Asien. Die große Insel stellt Japan dar, was Kolumbus glaubte, erreicht zu haben.

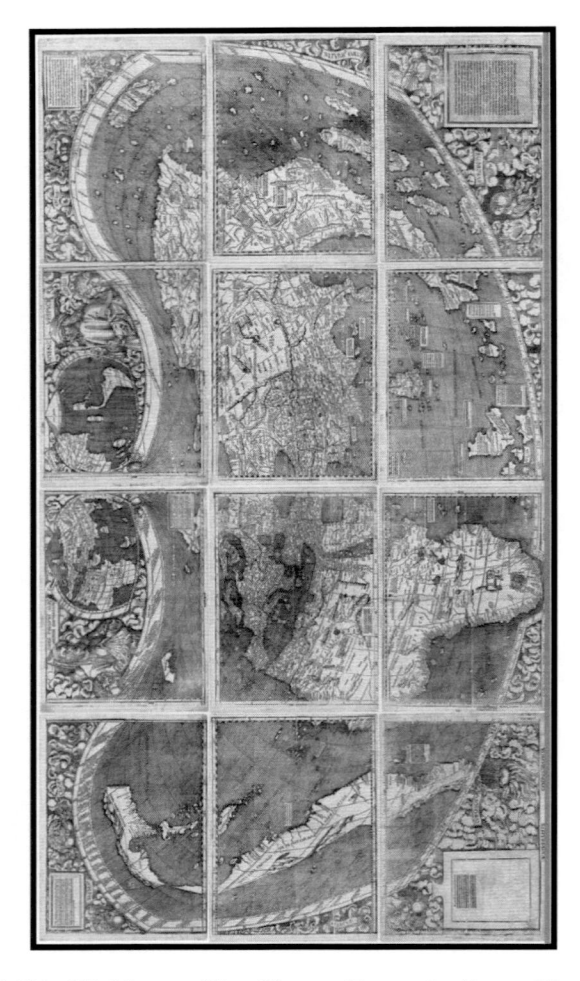

Abb. 3 Die Waldseemüller Karte. Erst mit dieser Karte wird die Tragweite der Entdeckung von Kolumbus auch graphisch dargestellt und der neue Kontinent mit dem Namen „Amerika" versehen. Eine epochale Karte – es ist die Welt, so wie wir sie kennen.

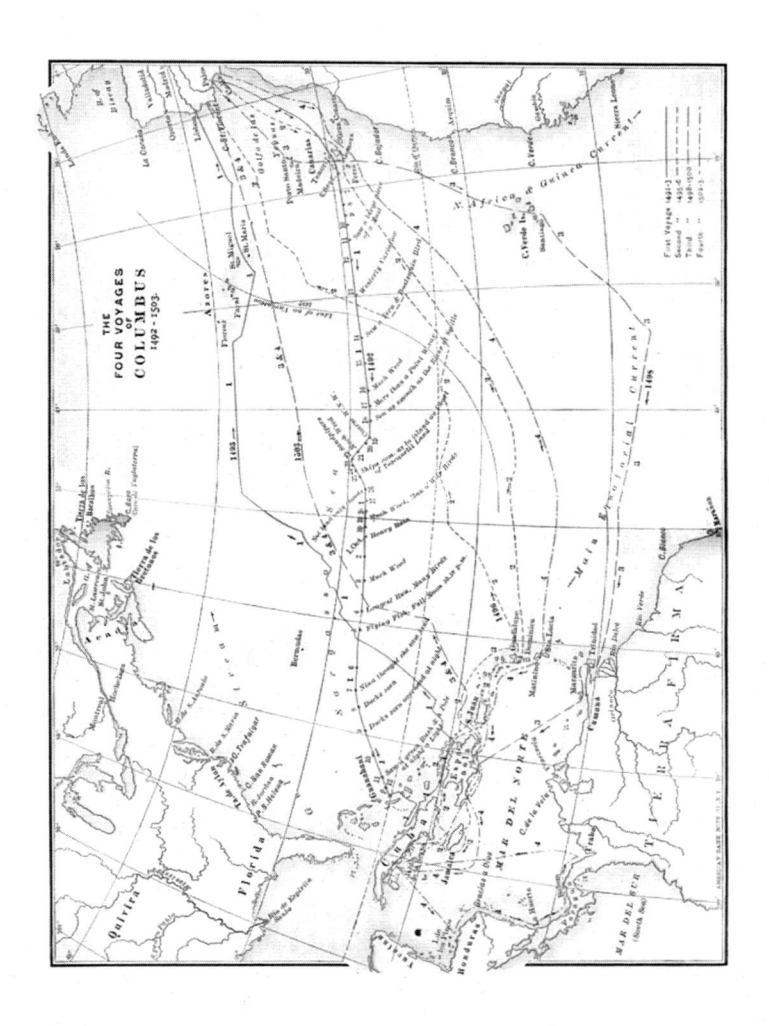

Abb. 4 Die vier Reisen des Kolumbus. Man beachte die Reiseroute, die entlang der venezolanischen Küste führt. Dort meinte Kolumbus, das Paradies entdeckt zu haben.

Abb. 5 Vespuccis erste Reise. So stellte man sich die Landung in der Neuen Welt vor: der spanische König weist mit der Hand den Weg und gibt somit den Auftrag zur Eroberung. Die Schiffe landen inmitten einer Menge von nackten Menschen – also im Paradies.

Abb. 6 Landung des Kolumbus in der Neuen Welt. Hervorzuheben das Banner mit dem Kreuz und den Priester mit dem Kreuz in der Hand. Es zeigt sich klar der religiöse Charakter der Unternehmung.

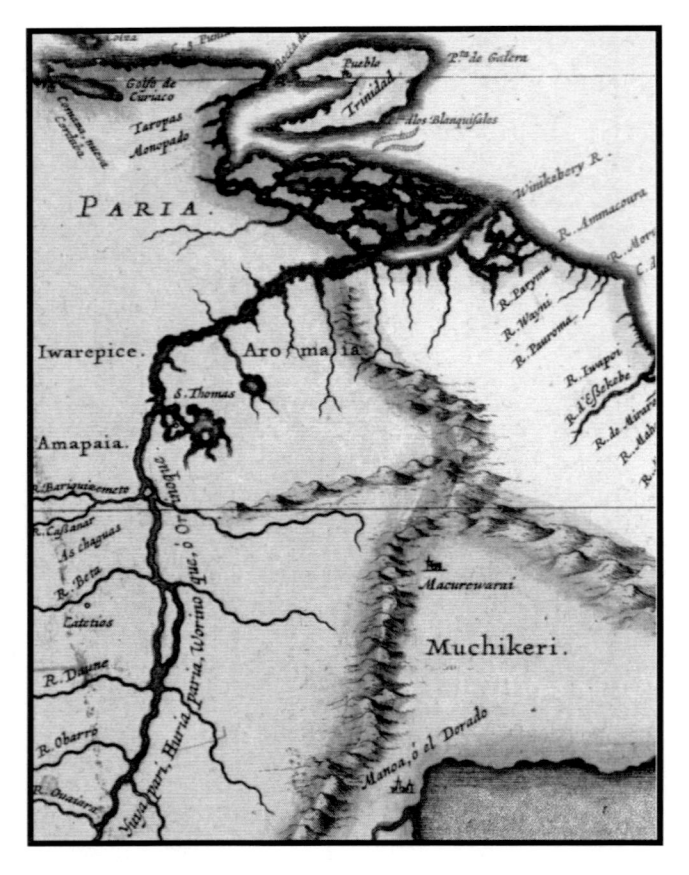

Abb. 7 Oben zu erkennen das Oriniko-Delta und die Insel Trinidad. In der Mitte unten am Rande eines Sees findet sich der Vermerk „*Manoa oder el Dorado*". Solange der riesige Kontinent nicht vollständig erkundet war, finden sich derartige Vermerke des ersehnten *El Dorado*. In sehr vielen Fällen wird es auf dem Gebiet Venezuelas lokalisiert. Diese Karte von 1625 zeigt, dass der Traum *El Dorado* jahrhundertelang wirkmächtig war.

Abb. 8 Vom ersten Moment der Landnahme durch die Spanier wurde eine absurd genaue Klassifizierung von bis zu 128 Mischrassen erstellt. Auf diesem Bild wird erklärt, dass aus einem Spanier (wohlgemerkt einem *Mann*) und einer Indigenen ein Mestize wird. Im Gegensatz zu den britischen Kolonien kannten die Spanier keine Scheu, mit Einheimischen und später schwarzafrikanischen Sklaven Kinder zu zeugen.

Abb. 9-11: Die folgenden Karten zeigen, wieviel Territorium die Vereinigten Staaten zunächst Spanien und später dem unabhängigen Mexiko abgenommen haben. Aus der Sicht des Südens war dies ein empfindlicher Verlust, der die Psyche Lateinamerikas stark beeinflußt hat. Nach dem Krieg von 1898 war zunächst auch nicht abzusehen, inwieweit die USA ihr Territorium weiter auf Kosten des Südens ausdehnen würden. Eine zeitlang wurde in den USA jedenfalls auch über die Inkorporation Kubas in die USA ernsthaft diskutiert. Aus rassistischen Motiven nahm man davon aber letztlich Abstand und begnügte sich mit einer Einflußnahme (die aber den Charakter eines Protekorats hatte und zwar bis 1959).

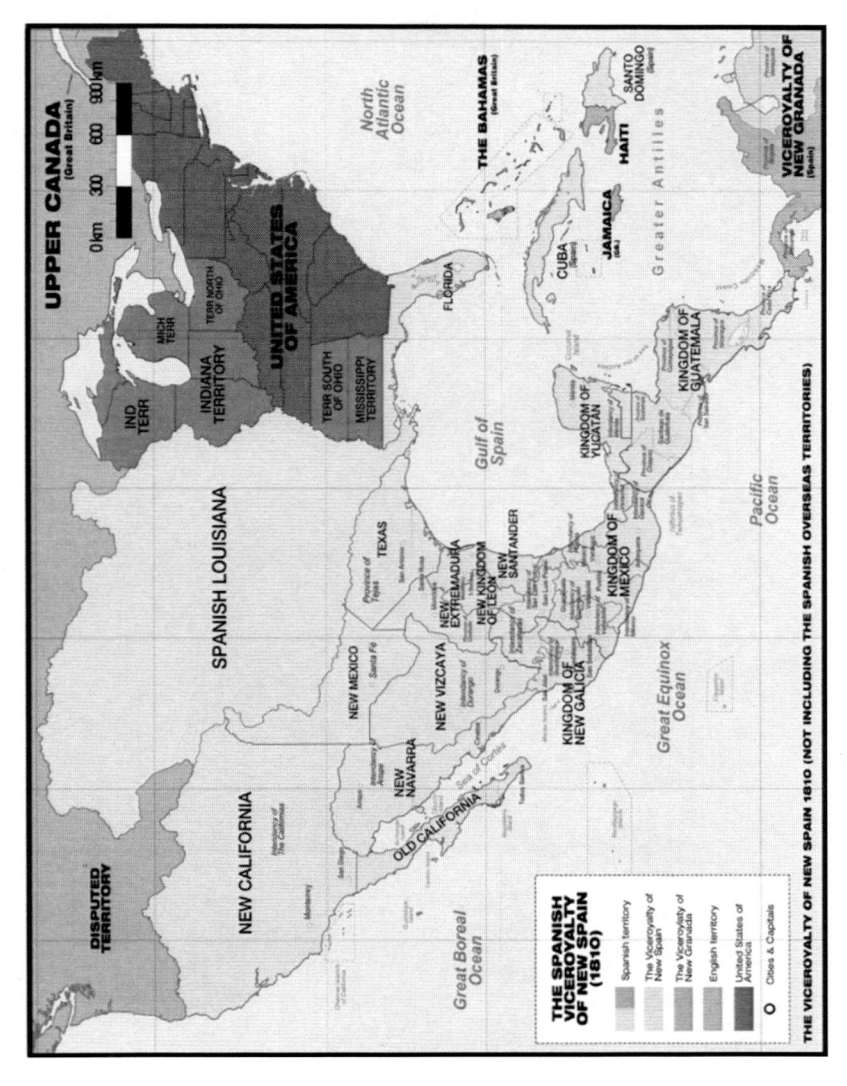

Abb.9

221

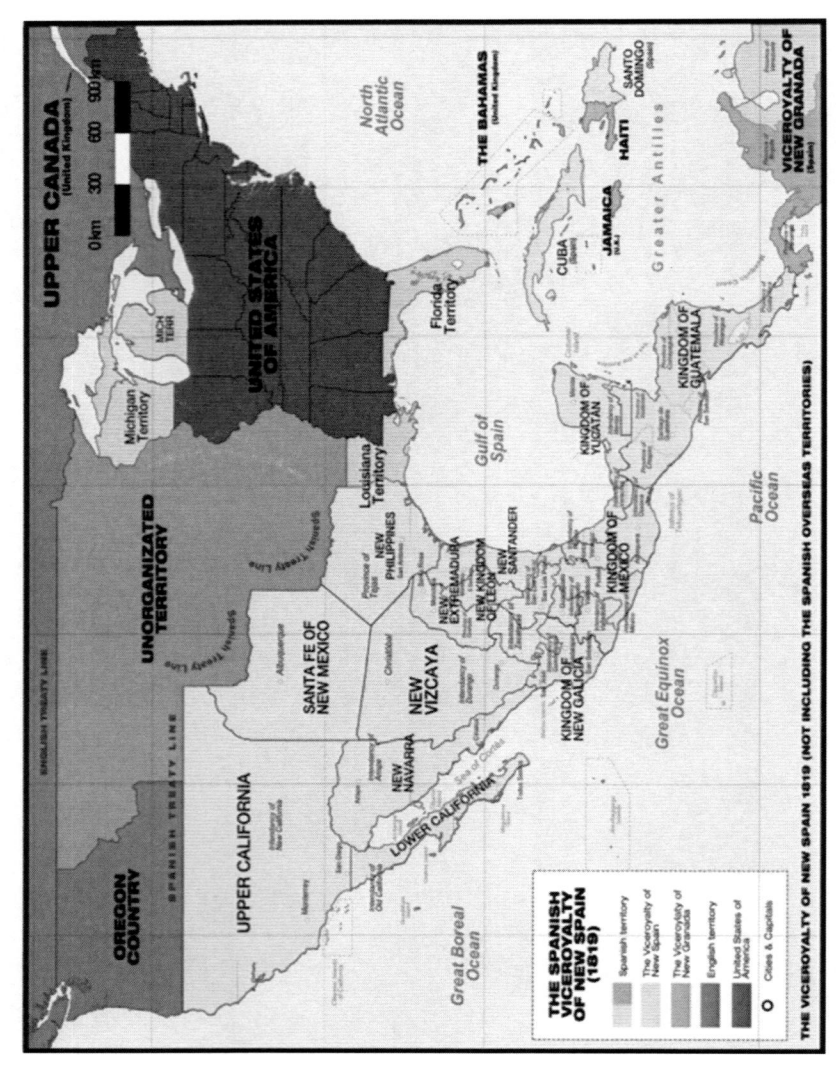

Abb. 10

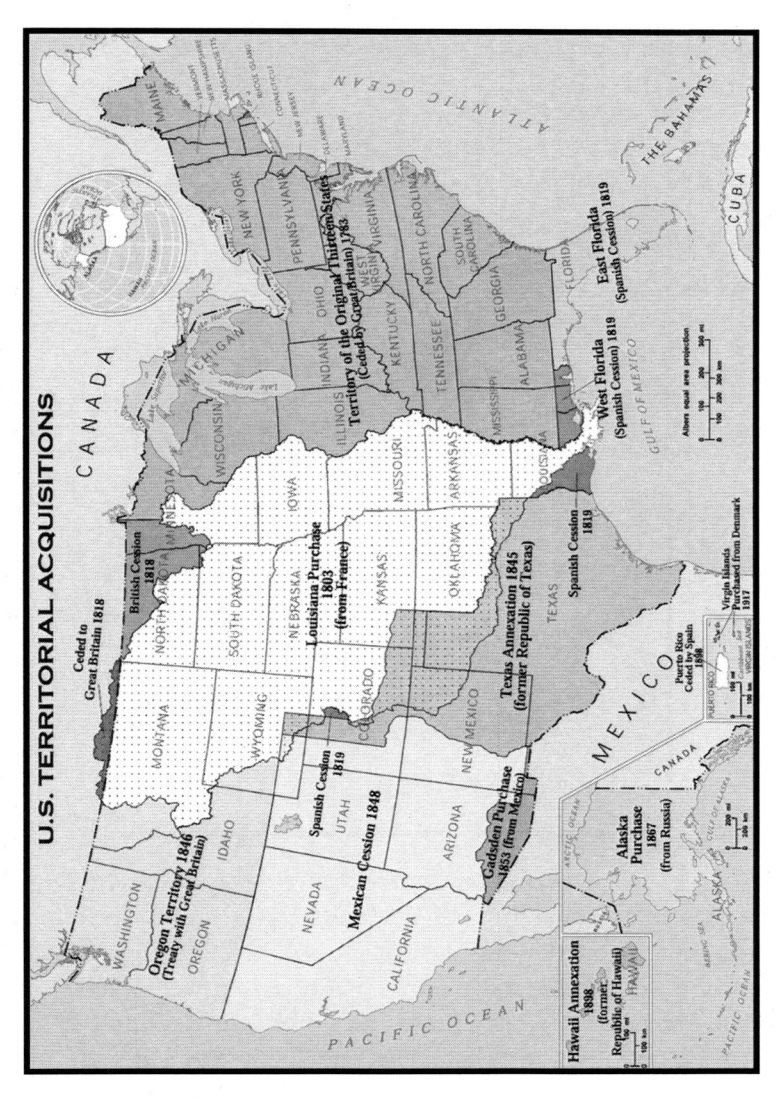

Abb. 11

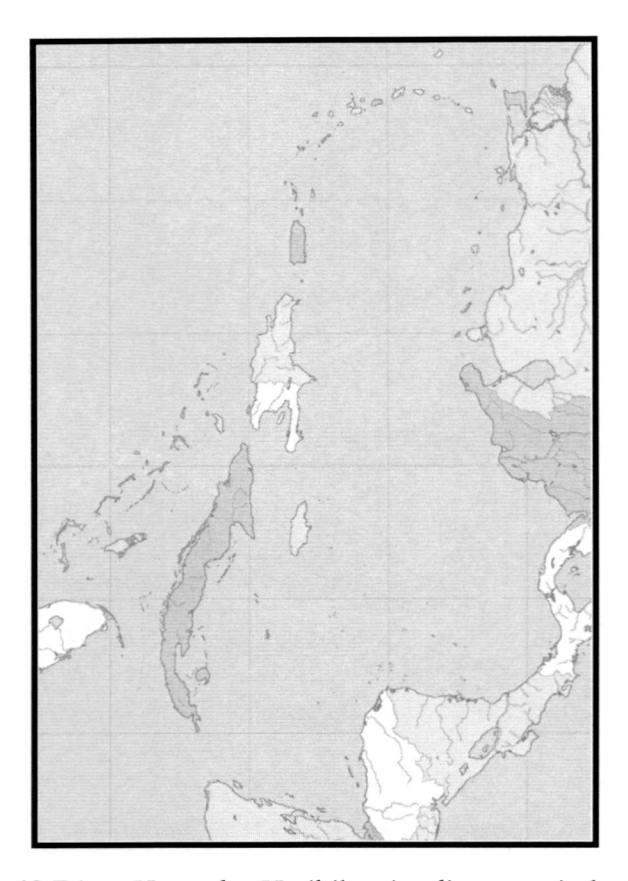

Abb. 12 Diese Karte der Karibik zeigt die strategische Lage Kubas aus Sicht der USA. Einerseits ist Kuba nur 130 Kilometer von der zu Florida gehörenden Inselreihe Keys entfernt, andererseits liegt Kuba unweigerlich in Fahrtrichtung des Panama-Kanals bzw. des letztlich nicht realisierten Nicaragua-Kanals. Aus Sicht der USA ist die Kontrolle über Kuba daher von grundlegender strategischer Bedeutung.

Abb. 13 Die Maine läuft in den Hafen von Havanna ein. Interessanterweise wurde nie wirklich die Frage gestellt, warum ein US-Kriegsschiff in den Haupthafen eines Landes einfährt, dass sich im Bürgerkrieg befand.

Abb. 14 Die versenkte Maine. Nach der Explosion des Schiffes explodierte auch die öffentliche Meinung in den USA. Damit war der Boden für den ersten imperialistischen Krieg der USA bereitet.

Abb. 15 Diese französische Karikatur zeigt, dass man im Ausland sofort begriff, auf welchem Kurs sich die USA nach der Explosion der Maine befanden. Uncle Sam greift mit riesigen Händen in die Karibik aus.

Abb. 16 Im spanisch-amerikanischen Krieg legte Theodor Roosevelt den Grundstein für seine politische Karriere. Er war Kommandant einer Einheit, die die strategisch wichtigen Hügel von San Juan in der Nähe von Havanna eroberte und damit zum Sieg der USA beitrug. Roosevelt (hier mit seinen Soldaten, stehend mit Hut und Brille) wurde wie ein Held gefeiert. Als Präsident von 1901-1909, also kurz nach dem Krieg, war er die treibende Kraft für den Bau des Panama-Kanals. Er persönlich hatte dazu beigetragen, Kuba – und damit den Zugang zum Kanal – fest in US-Hände zu bekommen. Der Einfluß von Roosevelt auf die amerikanische Außenpolitik kann nicht hoch genug eingeschätzt werden.

Abb. 17 Die Corollary zur Monroe-Doktrin aus der Sicht eines Karikaturisten. Ein wenig zimperlicher Roosevelt an der Schiffskanone zielt direkt auf einen europäischen Monarchen (als Sinnbild für ein überholtes politisches System), der mittels eines Schuldscheines versucht, sich der Karibik zu bemächtigen. Viel besser kann man die Politik Roosevelts in einem Bild nicht darstellen.

on Drums, der auch einige Lieder singt. Fishbone toppen sie nicht. Vielleicht habe ich mich in den letzten Jahren aber auch einfach emotional von dem typischen Ramones-Kram entfernt.

Am nächsten Tag folgt eine TV-Aufzeichnung im National Underground Club. Joys Musiker sind nicht nur nett und zuvorkommend, sondern noch dazu absolute Virtuosen an ihren Instrumenten. Roger, der Gitarrist, über dessen Equipment ich spiele, war zehn Jahre bei Miles Davis. Als er später meint, dass ihm mein Gitarrenspiel gefalle, ist mir das fast peinlich. Andererseits hat hier in New York jeder eine Chance, solange er überzeugen kann, ob nun durch handwerkliches Können oder »nur« durch Charisma. Davon abgesehen ist der handwerkliche Standard in der Regel ziemlich hoch. Der PVC-Beitrag besteht aus zwei Blöcken zu je drei Songs. Joy, die sehr gekonnt durchs Programm führt, holt mich zu einem kurzen Interview heran. Der Auftritt am nächsten Tag in einem irischen Pub ist ein Reinfall, obwohl wir uns extra ein katholikenfreundlicheres Repertoire raufgeschafft haben – erst herrscht Organisationschaos, und als wir endlich auf der Bühne stehen, hört keiner zu. Der nächste Gig ist absolutes Kontrastprogramm. Im ETG, einer Mischung aus Café und Buchladen, improvisieren wir zu einem Hauch von Kultur, Romy trägt sogar Gedichte von Marianne Enzensberger vor.

Beim letzten Gig in Otto's Shrunken Head herrscht wieder Chaos, weil wir ad hoc früher als angesetzt spielen müssen. Als wir endlich in voller Besetzung auf der Bühne stehen, läuft es gut. Die Amis mögen uns. So verlassen wir Amerika mit einem guten Gefühl.

Das Ende dieser langen Ära meines Lebens neigt sich unweigerlich dem Ende zu. Im Sommer 2009 bestreiten wir das Force-Attack-Punk-Festival. Mit einem Set, das ausschließlich das alte Repertoire beinhaltet, gewinnen wir das Publikum im Handumdrehen – wie vom Chef der Konzertagentur prophezeit. Mit dieser Nostalgienummer, meint er, könnten wir bei allen Punk-Festivals groß punkten. Mich aber lässt dieser Erfolg kalt. Ich verspüre keine Lust, meine musikalischen

Die letzte Besetzung von PVC – Daniel Ahl, Onkel naie und Gerrit

Ambitionen hintanzustellen, nur um den ewig Gestrigen zu gefallen. Ich bin nicht der Maler, dem es ausreicht, ständig das gleiche Bild zu malen.

Immer deutlicher zeigt sich, dass ein Großteil der Leute, die zu PVC-Gigs kommen, ausschließlich die alten Hits hören wollen. Alles andere wird geflissentlich ignoriert. Das Ankämpfen gegen diese Engstirnigkeit führt dazu, dass Bassist Rob das Handtuch wirft. Mit Drummer Tom überwerfe ich mich obendrein.

Entgegen aller Vernunft versuche ich aber doch noch einen x-ten Neuanfang, diesmal mit Onkel naie am Bass und Daniel Ahl an den Drums. Da sich die Vorzeichen aber nicht ändern, setzen wir am 10. März 2012 im Wild At Heart den Schlussakkord.

Ich bin heilfroh, diese Nummer hinter mich gebracht zu haben. Keine Verbrüderung mehr mit Leuten, um die ich privat einen großen Bogen machen würde, keine dämlichen Diskussionen mehr darüber, warum es nicht so sein kann wie früher.

All das heißt aber nicht, dass ich die Musik an den Nagel gehängt habe. Ganz im Gegenteil, ich musiziere mehr denn

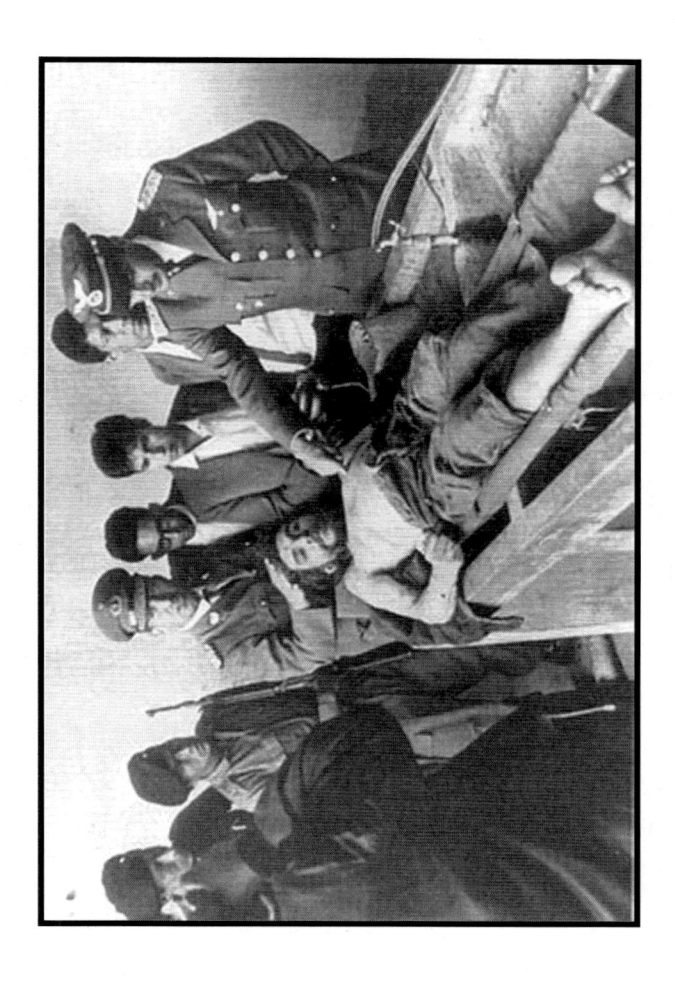

Abb. 18 Der tote Ernesto Che Guevara in einem Beweisfoto mit Angehörigen des bolivianischen Militärs. Der Offizier weist auf die Schusswunde – diese erkennt man aber nicht und es könnte auch die Stichwunde einer Lanze sein, so wie sie Christus am Kreuz zugefügt wurde.

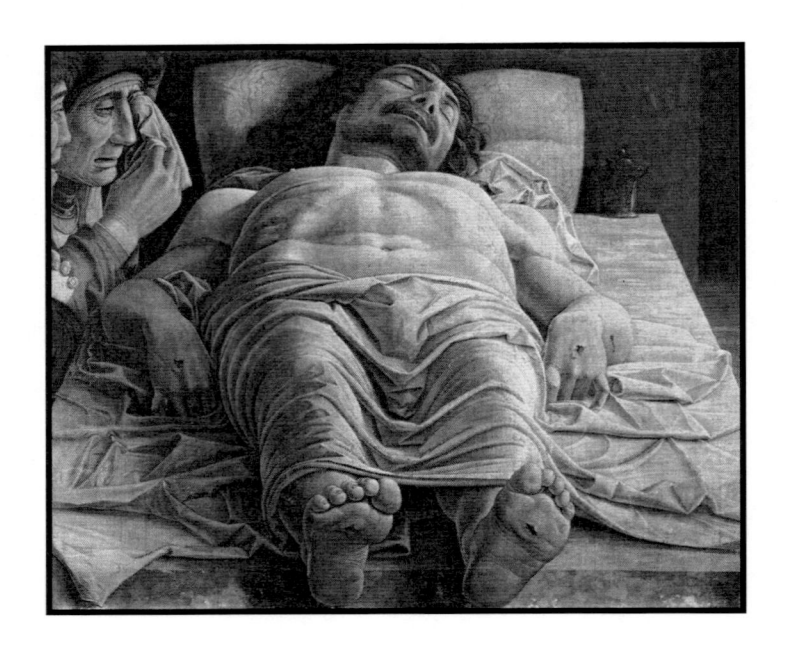

Abb. 19 Andrea Mantegna, Beweinung Christi. Die Ähnlichkeit mit dem toten Christus war wohl nicht beabsichtigt gewesen, spielte aber dennoch in der Hagiographie Che Guevaras eine wichtige Rolle. Durch seinen Märtyrertod wurde er somit auch im Bild zum Erlöser.

Abb. 20 Der noch junge Präsident Chávez (2003) mit seinem Hauptwerk, der Verfassung der „Bolivarianischen Republik Venezuela". Bei fast jedem seiner zahlreichen öffentlichen Auftritte erhob er wie hier demonstrativ das Büchlein mit dem Text der Verfassung. Diese wird als eine seiner wichtigsten Errungenschaften noch lange nachwirken.

Abb. 21 Eine idealisierende Darstellung der Verfassung. Der gütige Landesvater in Uniform und rotem Käppi ist in die venezolanische Fahne gehüllt, ein Kind in seinen Armen zeigt stolz die Verfassung. Ein Junge hält das Schwert Bolívars hoch und u.a. ein *Indígena* (Ureinwohner) schmiegt sich an Chávez. Ein Mädchen mit einem Computer und eines mit einem Buch symbolisieren die Bildungspolitik.

je, bin ständig mit irgendwelchen Aufnahmen auf meinen Sechzehn-Spur-Rekorder beschäftigt. Mit von der Partie sind meistens die Ex-PVC-Drummer Tom und Daniel sowie Crispy, seines Zeichens Saxofonist bei Rupert's Kitchen Orchestra. So frieren die grauen Zellen nicht ein, und ich halte den Kontakt zu meinem Instrument.

Die Prioritäten sind heute trotzdem andere: Ich lebe gesund, bin gern in der Natur und lese viel. Aus Wein, Weib und Gesang wurde Weib und Gesang, denn mit Wein geht Weib leider nicht mehr so gut. Alles Laute, Grelle, Brachiale und Morbide habe ich hinter mir gelassen. Die schönen, eleganten und vor allem gekonnten Töne sind es, die mich heute begeistern. So was wie das charmante *Chaleur Humaine* von Christine and The Queens.

Bildnachweis

Soweit nicht anders angegeben, stammen die Fotos aus dem Privatfundus von Gerrit Meijer.

Rainer Glatzer 193
Peter Gruchot 126, 178, 185, 215
Max Kohr 208
Jim Rakete 206
Ulf Schneider 86, 90
Zitty/Armin Haase 167

Nicht in jedem Fall konnten die Urheber ermittelt werden. Berechtigte Honoraransprüche bleiben gewahrt.

MIX
Papier aus verantwortungsvollen Quellen
FSC® C014496

ISBN 978-3-355-01849-4

© 2016 Verlag Neues Leben, Berlin
Umschlaggestaltung: Verlag,
unter Verwendung eines Motivs von Gerrit Meijer
Druck und Bindung: GGP Media GmbH, Pößneck

Die Bücher des Verlags Neues Leben
erscheinen in der Eulenspiegel Verlagsgruppe.

www.eulenspiegel.com

Abb. 22 So sah sich Chávez am liebsten – als Einiger Lateinamerikas. Hier mit den Präsidenten Paraguays, Boliviens, Brasiliens und Ecuadors, die enge Verbündete von Chávez waren.

Abb. 23 Chávez und Argentiniens Präsident Kirchner bei der Planung von Energieprojekten (Gaspipeline) für Lateinamerika. Mangelnde kontinentale Infrastruktur ist bis heute ein Haupthindernis bei der Einheit Lateinamerikas.

Abb. 24 Der Chávez-Kult kannte zu seinen Lebzeiten, aber auch nach seinem Tod keine Grenzen. Überall war und ist man ständig mit dem Konterfei von Chávez oder Devotionalien konfrontiert. Auch unzählige Graffiti mit politischen Parolen prägen das Bild vor allem der Städte. Auch die Verfassung wurde wie ein Souvenir verkauft – es dürfte wenige Länder geben, die derart ihre Verfassung feilbieten.

Bildnachweis

Titelbild: Vom Autor digital bearbeitete Version von «Chavez141610-2» par Chavez141610.jpg: José Cruz/ABrderivative work: Off2riorob (talk) — Chavez141610.jpg. Sous licence Creative Commons Attribution 3.0-br via Wikimedia Commons - http://commons.wikimedia.org/wiki/File:Chavez141610-2.jpg#mediaviewer/Fichier:Chavez141610-2.jpg

Abb.1: „T and O map Guntherus Ziner 1472" von Isidore of Seville - →Diese Datei ist ein Ausschnitt aus einem anderen Bild: File:Etimologías - Mapa del Mundo Conocido.jpg.. Lizenziert unter Public domain über Wikimedia Commons - http://commons.wikimedia.org/wiki/File:T_and_O_map_Guntherus_Ziner_1472.jpg#mediaviewer/Datei:T_and_O_map_Guntherus_Ziner_1472.jpg

Abb.2 : „Carte de Toscanelli" von Toscanelli - Divers sites Internet. Lizenziert unter Public domain über Wikimedia Commons - http://commons.wikimedia.org/wiki/File:Carte_de_Toscanelli.jpg#mediaviewer/Datei:Carte_de_Toscanelli.jpg

Abb.3: „Waldseemuller map 2" von Martin Waldseemüller - http://hdl.loc.gov/loc.gmd/g3200.ct000725C. Lizenziert unter Public domain über Wikimedia Commons - http://commons.wikimedia.org/wiki/File:Waldseemuller_map_2.jpg#mediaviewer/Datei:Waldseemuller_map_2.jpg

Abb.4: „The Four Voyages of Columbus 1492-1503 - Project Gutenberg etext 18571". Lizenziert unter Public domain über Wikimedia Commons - http://commons.wikimedia.org/wiki/File:The_Four_Voyages_of_Columbus_1492-1503_-_Project_Gutenberg_etext_18571.jpg#mediaviewer/Datei:The_Four_Voyages_of_Columbus_1492-1503_-_Project_Gutenberg_etext_18571.jpg

Abb. 5: «Vespucci's first voyage, from Letter to Soderini» de Amerigo Vespucci - 1893 First Four Voyages of Amerigo Vespucci, London: B. Quaritch. Disponible bajo la licencia Public domain vía Wikimedia Commons -

http://commons.wikimedia.org/wiki/File:Vespucci%27s_first_voyage,_from_Letter_to_Soderini.jpg#mediaviewer/Archivo:Vespucci%27s_first_voyage,_from_Letter_to_Soderini.jpg

Abb. 6 : «Desembarco de Colon de Teofilo de la Puebla» de Dióscoro Teófilo Puebla Tolín (1831-1901) (by Rockger21) - Photo scan (Book:Historia del Arte). Disponible bajo la licencia Public domain vía Wikimedia Commons - http://commons.wikimedia.org/wiki/File:Desembarco_de_Colon_de_Teofilo_de_la_Puebla.jpg#mediaviewer/Archivo:Desembarco_de_Colon_de_Teofilo_de_la_Puebla.jpg

Abb. 7: «Guaiana ofte de Provincien tusschen Rio de las Amazonas ende Rio de Yuiapari ofte Orinoque» de Hessel Gerritsz - Geheugen van Nederland. Disponible bajo la licencia Public domain vía Wikimedia Commons http://commons.wikimedia.org/wiki/File:Guaiana_ofte_de_Provincien_tusschen_Rio_de_las_Amazonas_ende_Rio_de_Yuiapari_ofte_Orinoque.jpg#mediaviewer/Archivo:Guaiana_ofte_de_Provincien_tusschen_Rio_de_las_Amazonas_ende_Rio_de_Yuiapari_ofte_Orinoque.jpg

Abb. 8 : «Mestizo» de http://www.emory.edu/COLLEGE/CULPEPER/BAKEWELL/period.html. Disponible bajo la licencia Public domain vía Wikimedia Commons - http://commons.wikimedia.org/wiki/File:Mestizo.jpg#mediaviewer/Archivo:Mestizo.jpg

Abb.9: «Viceroyalty of the New Spain 1800 (without Philippines)» de Giggette - A map created using information from the United States Geological Survey, an agency of the United States Department of Interior 1800, 1810, 1820 and from the Secretary of the Public Education of Mexico (Secretaría de Educación Pública de México) with 500 años de documentos. Disponible bajo la licencia Creative Commons Attribution-Share Alike 3.0 vía Wikimedia Commons - http://commons.wikimedia.org/wiki/File:Viceroyalty_of_the_New_Spain_1800_(without_Philippines).png#mediaviewer/Archivo:Viceroyalty_of_the_New_Spain_1800_(without_Philippines).png

Abb. 10: «Viceroyalty of the New Spain 1819 (without Philippines)» de Giggette - Este archivo fue creado con Adobe Photoshop.A map created using information from the United States Geological Survey, an agency of the United States Department of Interior 1810, 1820 and from the Secretary of the Public Education of Mexico (Secretaría de Educación Pública de México) with 500 años de documentos. Disponible bajo la licencia Creative Commons Attribution-Share Alike 3.0 vía Wikimedia Commons - http://commons.wikimedia.org/wiki/File:Viceroyalty_of_the_New_S pain_1819_(without_Philippines).png#mediaviewer/Archivo:Viceroyal ty_of_the_New_Spain_1819_(without_Philippines).png

Abb. 11: "U.S. Territorial Acquisitions" by United States federal government - National Atlas of the United States [1]. Licensed under Public domain via Wikimedia Commons - http://commons.wikimedia.org/wiki/File:U.S._Territorial_Acquisition s.png#mediaviewer/File:U.S._Territorial_Acquisitions.png

Abb. 12 : «Caribe en blanco» de Fobos92 - Trabajo propio. Disponible bajo la licencia Creative Commons Attribution-Share Alike 3.0 vía Wikimedia Commons - http://commons.wikimedia.org/wiki/File:Caribe_en_blanco.PNG#m ediaviewer/Archivo:Caribe_en_blanco.PNG

Abb. 13: «USS Maine entering Havana harbor HD-SN-99-01929» de Desconocido - High resolution download from [1]. Disponible bajo la licencia Public domain vía Wikimedia Commons - http://commons.wikimedia.org/wiki/File:USS_Maine_entering_Hava na_harbor_HD-SN-99-01929.JPEG#mediaviewer/Archivo:USS_Maine_entering_Havana_har bor_HD-SN-99-01929.JPEG

Abb. 14 : «USSMaine» de Este archivo carece de información acerca del autor. - http://teachpol.tcnj.edu/amer_pol_hist/thumbnail243.html http://teachpol.tcnj.edu/amer_pol_hist/thumbnail243.html.
Disponible bajo la licencia Public domain vía Wikimedia Commons - http://commons.wikimedia.org/wiki/File:USSMaine.jpg#mediaviewer /Archivo:USSMaine.jpg

Abb. 15 : «La fallera de l'oncle Sam» de Capsot - Trabajo propio. Disponible bajo la licencia Public domain vía Wikimedia Commons - http://commons.wikimedia.org/wiki/File:La_fallera_de_l%27oncle_Sa m.JPG#mediaviewer/Archivo:La_fallera_de_l%27oncle_Sam.JPG

Abb. 16: "TR San Juan Hill 1898" by Original uploader was SimonATL at en.wikipedia. Later version(s) were uploaded by FranksValli at en.wikipedia. - Transferred from en.wikipedia; transferred to Commons by User:Nobunaga24 using CommonsHelper.. Licensed under Public domain via Wikimedia Commons - http://commons.wikimedia.org/wiki/File:TR_San_Juan_Hill_1898.jpg#mediaviewer/File:TR_San_Juan_Hill_1898.jpg

Abb. 17: "Roosevelt monroe Doctrine cartoon" by Needed - Via http://www.regentsprep.org/Regents/global/themes/imperialism/southamerica.cfm. Licensed under Public domain via Wikimedia Commons - http://commons.wikimedia.org/wiki/File:Roosevelt_monroe_Doctrine_cartoon.jpg#mediaviewer/File:Roosevelt_monroe_Doctrine_cartoon.jpg

Abb. 18: "FreddyAlbertoChe" by Taken by photographer Freddy Alborta on October 10, 1967 in Vallegrande, Bolivia. Licensed under Fair use of copyrighted material in the context of Che Guevara via Wikipedia - http://en.wikipedia.org/wiki/File:FreddyAlbertoChe.jpg#mediaviewer/File:FreddyAlbertoChe.jpg

Abb. 19: „Andrea Mantegna - Beweinung Christi" von Andrea Mantegna - Unbekannt. Lizenziert unter Public domain über Wikimedia Commons - http://commons.wikimedia.org/wiki/File:Andrea_Mantegna_-_Beweinung_Christi.jpg#mediaviewer/Datei:Andrea_Mantegna_-_Beweinung_Christi.jpg

Abb. 20: "HugoChavez1823" by Victor Soares/ABr - Agência Brasil. Licensed under Creative Commons Attribution 3.0-br via Wikimedia Commons - http://commons.wikimedia.org/wiki/File:HugoChavez1823.jpeg#mediaviewer/File:HugoChavez1823.jpeg

Abb. 21: "Constitution of the Bolivarian Republic of Venezuela (1999) Government Edition Cover". Via Wikipedia - http://en.wikipedia.org/wiki/File:Constitution_of_the_Bolivarian_Republic_of_Venezuela_(1999)_Government_Edition_Cover.jpg#mediaviewer/File:Constitution_of_the_Bolivarian_Republic_of_Venezuela_(1999)_Government_Edition_Cover.jpg

Abb. 22: "Fórum Social Mundial 2008 - AL" by Fabio Rodrigues Pozzebom/ABr - Agência Brasil. Licensed under Creative Commons Attribution 3.0-br via Wikimedia Commons - http://commons.wikimedia.org/wiki/File:F%C3%B3rum_Social_Mundial_2008_-_AL.jpg#mediaviewer/File:F%C3%B3rum_Social_Mundial_2008_-_AL.jpg

Abb. 23: "Kirchner and Chavez". Licensed under Creative Commons Attribution 2.0 via Wikimedia Commons - http://commons.wikimedia.org/wiki/File:Kirchner_and_Chavez.jpg#mediaviewer/File:Kirchner_and_Chavez.jpg

Abb. 24: "Artículos comerciales sobre Hugo Chávez" by Jean-Marc /Jo BeLo/Jhon-John - originally posted to Flickr as 04-Chavez. Licensed under Creative Commons Attribution 2.0 via Wikimedia Commons - http://commons.wikimedia.org/wiki/File:Art%C3%ADculos_comerciales_sobre_Hugo_Ch%C3%A1vez.jpg#mediaviewer/File:Art%C3%ADculos_comerciales_sobre_Hugo_Ch%C3%A1vez.jpg

V. Literatur

The **Annals of America**, Band 12 (1895-1904), Hg. von Encyclopedia Britannica, 1976.

Matthew **Brown**, Hugo Chávez presenta a Simón Bolívar – La Revolución Bolivariana, Madrid 2011.

Gilberto Aranda **Bustamente** und Sergio Salinas **Cañes**, Bolívar según Chávez, Santiago de Chile 2013.

Carlos **Fuentes**, Der vergrabene Spiegel – Die Geschichte der hispanischen Welt, Frankfurt am Main 1998.

Enrique **Krauze**, Redentores – Ideas y Poder en América Latina, New York 2011.

Christian **Mehr**, Entdeckungen und Eroberungen in der Frühen Neuzeit, Stuttgart 2013.

Eva **Michels-Schwarz** und Uwe **Schwarz** (Hg.), Die Ankunft der Weißen Götter – Dokumente und frühe Berichte der großen Eroberer von Nordamerika bis Peru, Stuttgart-Wien-Bern, 1992.

V.S. **Naipaul**, The Loss of El Dorado – A Colonial History, London 1969.

Angel **Rama** (Hg.), Der lange Kampf Lateinamerikas – Texte und Dokumente von José Martí bis Salvador Allende, Frankfurt am Main, 1982.

Emir **Rodríguez Monegal**, Chroniken Lateinamerikas von Kolumbus bis zu den Unabhängigkeitskriegen, Frankfurt am Main 1982.

Stefan **Rinke**, Georg **Fischer**, Frederik **Schulze** (Hg.), Geschichte Lateinamerikas vom 19. bis zum 21. Jahrhundert – Quellenband, Stuttgart 2009.

Norbert **Rehrmann**, Simón Bolívar – Die Lebensgeschichte des Mannes, der Lateinamerika befreite, Berlin 2009.

Tzvetan **Todorov,** Die Eroberung Amerikas – Das Problem des Anderen, Frankfurt am Main, 1985.

Michael **Zeuske**, Von Bolívar zu Chávez – Die Geschichte Venezuelas, Zürich 2008.

Michael **Zeuske**, Simón Bolívar, Befreier Südamerikas – Geschichte und Mythos, Berlin 2011.

Vom selben Autor:

Erinnerungen an Jugoslawien
Das Jahrzehnt der Zerstörung

Verlegt 2002 bei BoD

ISBN 3-8311-4097-9

Auch als E-Book erhältlich